우화로 배우는 중국경제

우화로 배우는 중국경제

寓言的经济学

다산미디어

역자 서문

중국은 1978년 말, 개혁 · 개방 정책의 추진을 선포한 이후 현재까지 비약적인 발전을 거듭해 이제 명실상부한 경제 강국으로 성장하였다. 그동안 중국은 계획경제 체제에서 시장경제 체제로의 전환을 시도해 왔으며 인류 초유의 '사회주의 시장경제' 체제의 확립이란 실험을 하고 있다. 물론 적어도 현재까지는 매우 성공한 사회주의 국가의 경제개혁 모델로 평가받고 있음은 주지의 사실이다.

그러나 과연 향후에도 이러한 발전을 지속할 수 있을 것인가에 대해서는 중국 국내외의 많은 관찰자들이 지속적으로 여러 가지 의문을 제기하고 있다. 양지가 있으면 음지가 있을 수밖에 없는 너무도 당연한 이치를 최근의 중국경제가 적나라하게 보여주고 있기 때문이다. 시장경제로의 전환과정에서 출현하고 있는 사회 양극 분화 문제, 도를 넘는 국유자산의 유실 문제, 국유기업의 비효율성과 지지부진한 개혁, 상대적 빈곤에 시달리는 농촌경제 문제, 정부의 과도한 혹은 부적절한 개입, 금융의 부실채권 문제 등등, 비약적인 경제발전의 커튼 뒤에는 이러한 많은 문제점들이 발전이라는 대명제하에 해결되지 못하고 덮어져 있다. 지금 중국정부를 당혹하게 하고 있는 이런 문제점들이 서서히 커튼 밖으로 드러나고 있다. 사실 이러한 문제들은 사회발전 과정에서 드러날 수밖에 없는 문제들이기도 하다.

베이징대학교 경제학과 교수였고 저명한 경제 칼럼니스트인 저자는 우리가 익히 알고 있는 중국의 고사(故事)나 우화, 서양의 각종 우화들을 이용하여 이러한 문제점들을 날카롭게 지적하고 있다. 고사나 우화는 결국 인성과 사람의 도리를 강조하는 이야기들이다. 이 책의 저자는 경제학도 결국 사람의 행위이므로 우화가 전하는 메시지가 현재의 경제 문제를 해석하는 데 아주 유용하다고 인식하고 있다.

저자는 동서고금의 다양한 고사와 우화를 적절히 인용하여 현재 중국경제 문제의 해결에는 보다 더 적극적인 시장경제로의 전환만이 유일한 방법임을 역설하고 있다. 특히 일반인의 눈높이에 맞추어서 복잡한 중국경제 문제를 동서고금 우화 속에 나타나는 지혜를 재치 있게 현실에 응용하여 누구나 쉽게 이해할 수 있도록 설명하고 있다.

끝으로 게으른 역자들을 끝까지 기다려주신 원작자 량샤오민 교수와 북경대학 출판부 그리고 다산출판사의 사장님 이하 편집진에게도 감사를 드린다. 이 책을 통해 쉽고 친근하게 중국경제에 다가갈 수 있기를 바란다.

2007년 7월

역자 강준영 · 공유식

저자 서문

해가 저물어 하루의 일과를 끝낸 사람들이 사냥해 온 동물을 구워 먹으면서 여러 동물들에 관한 이야기를 나누고 있다. 이 이야기들은 매우 생동감 있고 교육적이며 비유적이다. 이런 이야기들이 전해져 내려와 우화가 되었다.

해가 비치는 교실에서 학생들이 인간의 행위에 대한 경제학적 분석을 교수로부터 배우고 있다. 이러한 내용들을 실은 논문과 저작들이 경제학의 근간을 이루게 된다.

얼핏 보면 고대로부터 전해 내려오는 우화와 근대에 탄생된 경제학은 공통점이 없어 보인다. 하나는 통속적이나 생동감이 있고, 하나는 고상하나 추상적이다. 하지만 필자는 밤을 새워 우화와 경제학을 공부하면서 서로 통하는 점이 있다고 느꼈다. 이 둘은 같은 이치를 서로 다른 방식으로 설명했기 때문이다.

우화는 주로 동물이나 사람의 행동을 통해 인간성과 삶의 이치를 반영한다. 경제학은 이론이나 추론, 혹은 수학공식을 가지고 인류의 행위를 분석한다. 우화는 투박한 방법으로 현대 경제학의 심오한 이치를 표현하고, 경제학은 세련된 방식으로 우화가 나타내는 간단한 이치를 다시 드러낸다. 필자는 각종 우화를 읽으면서 우화를 통해 경제학의 여러 이론을 탐구하고, 우리에게 익숙한 우화로 경제학 이론을 설명하고 싶은 욕망이 생겨났다. 모두가 잘 알고 있고 좋아하는 우화를 가지고 기본적인 경제이론을 소개하고 이를 바탕으로 현실적인 문제를 분석하고 싶었다. 당연히 보다 많은 사람들이 경제학에 대한 흥미를 느끼고 경제학에 더 쉽게 접하게 되기를 바라는 마음에서다.

이 책에 소개된 우화들은 필자가 읽은 여러 우화 중 비교적 흥미 있는 문장들을 중심으로 했지만 아쉽게도 그다지 체계적이지는 못하다. 이는 필자가 한 가지 우화를 가지고 경제학적 관점을 단순히 손 가는 대로 써 내려갔기 때문이다. 우화를 통해 경제학적 관점을 설명한 것은 필자의 색다른 실험의 하나이다. 그 성공 여부는 독자들의 판단에 맡기기로 한다.

2004년 8월 8일

梁小民

차례

동양우화 편

서양우화 편

동양우화 편

寓言的经济学

1. 지식이 될 수 없는 책

"아는 것이 힘이다"라는 말이
"책이 곧 힘이다"라는 의미는 아니다.
왜냐하면 책의 내용을 이해하지 못하고 운용하지 못하면,
책은 결코 지식이 될 수 없기 때문이다.

대학을 졸업하게 된 한 대학생은 16년이나 공부했기 때문에 자신이 아주 똑똑하다고 생각해서 직업을 구할 때 기업의 관리자나 수천 위엔[1] 이상의 월급을 원했다. 그러나 평범한 일자리는 그가 원하지 않았고 좋은 일자리는 그를 원하지 않아 결국 실업자가 되고 말았다. 이런 형태의 구직 문제는 우선 그의 사고방식이 바뀌어야 해결될 수 있다.

1. 역자 주 : 위엔(元), 중국 인민폐(RMB)의 화폐단위. 대략 중국 돈 1위엔은 한국 돈 약 120원 정도이다(2007년 5월 현재).

청나라 말기에 『20년간 지켜본 괴이한 현상』이라는 책을 쓴 우지엔(吳趼)이라는 소설가가 있었다. 그는 늘 지식인들과 교류하여 그들에 대한 이해가 깊었다. 여기서는 그가 쓴 "좀벌레(蠹魚)"라는 우화를 소개하기로 한다.

좀벌레는 잘 알다시피 책을 좀먹는 곤충이다. 좀벌레는 책을 먹기 때문에 스스로 학문이 높다고 생각하여 오만하고 안하무인이었다. 하루는 좀벌레가 놀러 나갔다가 바퀴벌레와 파리를 만났는데 그들은 좀벌레를 무시하고 모욕까지 주었다. 분개한 좀벌레는 한 사람한테 "나는 책을 배부르게 먹어서 천하의 이치에 통달하였는데 왜 나를 그리 업신여기는지 모르겠다."고 말했다. 사람은 웃으며 대답했다. "너는 책을 배부르게 먹었지만 그것을 제대로 소화시킬 수 없으니 지식으로 배를 채웠다 한들 무슨 소용이 있는가?"라고….

이 이야기를 현재의 대학생들에게 적용시켜 보자. 대학생이 책을 먹는 데는 세 가지 경우가 있다. 첫 번째는 현 체제의 구조적 제약 때문에 쓸모없는 책을 먹는 경우이다. 이런 책은 먹고 소화시켜도 쓸모가 없어 지식의 질적 향상에 도움이 되지 않을 뿐만 아니라 실용적이지도 않다. 그러나 억지로 먹이기 때문에 할 수 없이 먹어야 한다. 모든 책이 다 쓸모가 있는 것도 아니지만 설사 쓸모가 있더라도 모두 먹을 수는 없는 일이다. 바로 여기에서 선택의 문제가 생긴다. 대학생이 쓸모없는 책을 먹는 데는 학교의 교과계획이 과학적이지 못한 데도 문제가 있고 또 학생 스스로 마구 먹기 때문에 문제가 생기는 것이다. 어떤 과목의 내용은 시대에 뒤떨어져서 21세기에 아직도 1980년대를 이야기하는 교재도 있다. 학생들에게 시대에 뒤떨어진 책을 먹이는 것은 학교의 책임이다.

두 번째는 책은 쓸모 있는데 학생이 그 책을 제대로 소화시키지 못하는 경우이다. 이는 가르치는 방법과 배우는 자세에 모두 문제가 있어서 그렇다. 많은 고등교육 기관이 전체 학생의 질적 향상에 목표를 두기보다는 구체적인 기능만을 가르치고 있다. 이 과정에서 학생들이 창조적으로 사고를 깨치게 하기보다는 단지 시험만을 목표로 하는 경향이 많다. 교사는 시험 보는 것을 능사로 생각하고 학생은 시험에 성공적으로 대처하는 것에 목표를 두기 때문에 교사는 주입식 교육을 하고 학생은 그에 대한 필기를 맹목적으로 암기한다. 이렇게 시험을 위하여 억지로 외우는 것은 바로 좀벌레가 책을 먹는 것처럼 먹고 나서 제대로 소화를 시키지 못하는 경우이다. 아직도 대부분의 중고등학교에서는 시험을 위한 이러한 주입식 방법이 계속되고 있다. 이런 학습방법으로는 배운 내용도 제대로 이해할 수 없으니 당연히 하나를 배워서 열을 깨우치는 것은 기대 밖이다. 이와 같이 책을 먹고 소화를 못 시킨다면 책은 당연히 지식이 아니다.

세 번째는 책은 쓸모가 있어서 소화를 시켜 지식이 되었지만 제대로 쓸 줄을 모르는 경우이다. 지식만으로는 힘이 될 수 없다. 지식을 실제에 운용시켜 문제를 해결할 수 있어야만 그 지식이 힘이 되는 것이다. 그 사람이 어떤 사람인가는 얼마나 책을 많이 읽었고 얼마나 많은 지식이 있느냐에 달린 것이 아니라 그 지식을 개인 혹은 사회의 재화로 변화시켰느냐에 달렸다. 한 대학생이 중요한 인재가 되고 중요한 직위나 고액 월급을 받을 수 있느냐의 여부는 그가 학교에서 얼마나 우수했느냐에 달려 있는 것이 아니고 그가 배운 지식들을 향후 제대로 운용할 수 있느냐에 달려 있다. 마오저뚱도 책을 달달 외우고 모두 수(秀)를 받았지만 아무것도 할 줄 모르는 대학생을 조소하면서 딸에게 이런 우등생은 되지 말라고 한 바 있다.

물론, 지식의 운용은 대학생 시절보다는 대부분 졸업한 후에야 가능한 일이다. 대학생이 재학 시절에 주로 해야 할 일은 역시 책을 통한 지식의 습득이다. 습득한 지식이 쓸모 있는 것인지 아닌지에 대해서는 일단 먼저 생각하지 말아야 한다. 모든 지식은 한 사람의 전체적 질을 향상시키는 데 도움이 되고 문제의 분석과 해결 능력을 제고시킨다. 때문에 이공계 학생들도 인문학 과목을 들어야 한다. 일견 보기에 옛 시를 외우는 것이 기계 연구에 도움을 줄 수 없을지라도 그 사람의 인문학적 소질은 그의 이후 일생의 발전에 영향을 미치게 되기 때문이다. 문과 학생들 역시 자연과학을 배워야 한다. 자연과학 상식이 없으면 전문적 일을 할 때 웃음거리가 될 수 있다. 대학생은 공부할 때 빨리 배워 즉시 효과를 나타내야 된다는 생각을 가져서는 안 된다. 관건은 전체적인 소양을 높이는 데 있다.

하지만 전체적인 소양이 향상되고 지식이 많아진다고 꼭 능력이 제고되는 것은 아니다. 지식 운용의 능력은 업무 중에 제고시켜야 한다. 대개 기업이나 기업 내 부서의 인사에서 가장 중요한 것은 실제 능력이다. 이 능력을 검증하는 유일한 기준이 실적이다. 기업이 사람을 뽑을 때 업무 경력을 참고하는 것은 바로 이 때문이다. 대학을 갓 졸업한 학생은 그의 잠재능력이 아무리 높고 지식이 풍부해도 갑자기 높은 지위에 오르거나 많은 월급을 받지 못한다. 많은 대학생이 일자리를 구하지 못하는 중요한 이유는 바로 스스로를 너무 높게 평가하기 때문이다. 기대치가 너무 높아서 자신이 제대로 대접받고 있지 못하다고 생각하는 것이다. 이런 심리상태로 사회에 들어오게 되면 열이 면 열 다 실패할 것이다. 이런 의미에서 현재 중국 대학생의 실업 문제는 가짜 문제이다. 눈높이를 낮추어 자신을 필요로 하는 곳으로 가고 교만함을 거두고 일자리를 찾는다면 세상은 넓다. 중국 대학생은 많지 않고 대학생을 필요로 하는 곳은 많은데 어찌 일자리가 없다고 하는가?

만약 평범하면서 월급도 많지 않은 일부터 시작하면서 실제 업무 속에서 자신의 능력을 계발하고, 배웠던 지식을 실제 업무에 운용하면 틀림없이 다른 사람들보다 훨씬 더 빠르게 진급하고 월급도 오를 것이다. 잠재력은 점차적으로 발휘되는 것이다. 일차적으로 잠재력이 발휘되는 기초는 실무이다. 만약 밑바닥부터 시작하는 것을 원하지 않으면 잠재력을 발휘할 수 없게 된다. 젊은 시절을 분노에 차서 보낸 청년은 늙어서도 아무것도 이루지 못한, 그냥 분노에 가득 찬 노인이 되어 좀벌레같이 여기저기서 업신여김을 당하게 된다.

영화 "대부(The God Father)"에 나오는 제2대 대부 마이클의 약혼자는 미국의 명문대학을 졸업하였지만 졸업 후에 자원해서 작은 초등학교 교사가 되었고 그 일에 대하여 아주 만족해하였다. 만약 중국의 대학생이 모두 이런 마음가짐을 가지고 있으면 분명히 모두가 취업을 할 수 있다. 또 일생 동안 그 일만 하지는 않을 것이므로 경험이 쌓임에 따라 전직을 통해 결국에 자신의 이상을 실현할 수 있을 것이다. 천리 길도 한 걸음부터다. 책을 먹고도 사람들의 업신여김을 받는 책벌레가 되지 않으려면 자세를 낮추는 지혜가 필요하다.

2. 현대의 송나라 사람

옛날 송나라 사람이 뽑은 것은 자신의 싹이었지만
현대의 송나라 사람들은 다른 사람의 싹을 뽑는다.
오늘날 송나라 사람의 확산을 방지하는 관건은
제도에 달려 있다.
고대의 일은 지나갔지만 현대에 사는 송나라 사람을
어떻게 관리할 것인가가 문제이다.

"발묘조장(拔苗助長)"[2)]이란 우화를 읽으면 선현 맹자의 고견에 감탄하게 되며 또한 인성의 완고함에 놀라게 된다. 이 널리 알려진 우화는 2천여 년 전에 쓰여진 『맹자(孟子)』에 수록되어 있다. 그런데 오늘날에도 어찌 송나라 사람

2. "모를 뽑아서 모가 잘 자라도록 도와주는 것"이란 뜻으로, 한 농부가 자신의 벼가 잘 자라지 않는 것 같아 벼를 빨리 자라라고 아직 뿌리도 내리지 못한 모를 조금씩 위로 당겨 주었지만, 결과적으로는 모두 죽여 버렸다는 이야기에서 유래하였다. 그 의미는 "사물의 발전 규율은 생각지도 않고, 속성으로 이루려고 억지를 행하지만 결과는 오히려 일을 그르치고 만다는 것"이다. 『맹자(孟子), 공손추상(公孫丑上)』에 원문이 있다.

같은 이들이 그리도 많은지….

"발묘조장"은 인간의 본성에 '잘난 체하는' 약점이 있음을 제시하고 있다. 현대 행태경제학도 많은 실험을 통해서 인간이 항상 지나친 자신감을 갖고 있음을 증명하였다. 자신감은 성공의 출발점이지만 지나친 자신감은 "태산에 오르니 천하가 오히려 작아 보이는" 실패의 씨앗이 되어 버리곤 한다. 만약 그 송나라 사람처럼 지나친 자신감에 선량한 동기까지 더해져 힘들게 싹을 위로 잡아당겨 주었다면 결과는 정말 암담해진다. 애석하게도 지금 이런 지나친 자신감, 선량한 동기에 수고를 마다 않는 송나라 사람이 정말 너무 많다. 문제는 그들이 가져오는 손실이 결코 자신의 싹만 죽게 하지 않는다는 데 있다.

예를 하나 들어 보자. 1980년대 말, 티엔진(天津)에서 한 내구성이 강한 냉장고가 생산되자 한때 인기가 하늘을 찔렀다. 원래 생산은 품질이 보장되는 전제에서 수량이 늘어야 하지만 그 티엔진의 송나라 사람은 때를 기다리지 못하고 기술과 관리가 모두 불안정한 상태에서 연 생산량 30만 대의 임무를 하달했다. 즉, 싹이 정상적으로 자랄 수 있는 상태에서 빨리 자랄 수 있도록 해야 하지만 싹을 위로 당겨 빨리 자라라고 한 것이다. 그 결과 품질이 기준에 미달해 아예 얼음이 얼지도 않는 냉장고가 출시되었고, 냉장고 속에서 헌 신발 등의 쓰레기가 나오기도 했다. "내구성"에는 티엔진 말로 '귀엽다'는 뜻이 있다. 작명은 잘했는데 아깝게도 질이 너무 떨어졌고 결국에는 '미운' 오리가 되고야 말았다. 시장을 잃게 되자 공장도 파산했다. 결국 싹이 죽어 버린 것이다. 증산 지시를 내린 그 송나라 사람의 동기는 절대적으로 순수했고 티엔진의 경제 발전을 위한 것이었음도 틀림없다. 하지만 그는 기업 경영의 룰을 모르고 자신을 전문가로 착각하여 명령을 하달하고 실제 감독까지 하였다. 이런 사람은 주인을 위해 모기를 잡다가 주인을 때려 숨지게 한 곰과 다를 바가 없다.

만일 이런 사람이 한 사람만 있다면 그래도 괜찮다. 이 '내구성' 이라는 싹을 뽑아 버렸다 하더라도 전체 경제에는 큰 영향을 미치지 않기 때문이다. 그러나 만약 이런 송나라 사람이 많아지면 국가 경제 전체가 온전할 수 있을까를 생각해 보면 아찔해진다. 오늘 송나라 사람 하나가 변두리 소도시에 비행장 건설을 결정하고, 내일 또 거기에 제약회사를 세우기로 결정하였지만 결국 모두 실패한다. 오늘 어떤 송나라 사람이 어떤 몇몇 기업을 억지로 합병하도록 명령하고, 내일은 또 강제로 새로운 개발지역을 세우려 한다. 이들은 모두 자신의 경제 발전 이상이 숭고하며 모든 것에 능통하다고 생각하였지만 결과는 온 천지에 죽은 싹만 널리게 했을 뿐이다. 결국 이러한 손실은 납세자가 부담할 수밖에 없다.

송나라 사람들은 항상 "국유기업을 잘 경영하자", "지방 경제를 잘 경영하자"라는 말을 입에 달고 다닌다. 중국어로 '경영하다' 라는 이 단어에는 고수가 하수를 부린다는 심오한 뜻이 있다. 송나라 사람들은 모두가 고수를 자처하며 자신이 모든 것을 처리할 수 있다고 여긴다. 맹자가 송나라 사람이 이렇게 많은 것을 어떻게 한탄

할지 알지도 못하고 말이다. 시장경제체제에서 정부는 경제와 기업의 발전을 위한 정상적인 질서를 창조해야지 직접 '기업 경영'을 해서는 안 된다. 국유기업이든 민영기업이든 모두 독립 법인으로 스스로 생산과 경영을 결정할 수 있어야 된다.

고대 송나라 사람이 뽑은 것은 자신의 싹이지만, 현대 송나라 사람들은 다른 사람의 싹을 뽑는다. 청나라 말기의 사상가 량치차오(梁啓超)는 『생계학 학설 연혁 소사(生界學學說沿革小事)』[3]에서 "정부는 자로(自勞), 자활(自活), 자유(自由), 자치(自治) 소리를 듣고 조금도 간섭해서는 안 된다. 만약 간섭한다면 이는 발묘조장의 지나간 지혜일뿐이다."라고 지적하고 있다. 량치차오는 발묘조장 경제학의 요점을 제대로 파악한 것 같다.

현대 중국에는 다른 사람의 싹을 뽑을 뿐 아니라 자신의 싹을 뽑는 송나라 사람도 있다. 일부 기업가들이 여기에 속하는데 이들은 항상 자신의 기업을 되도록 빨리 키우려고만 생각한다. 몇 년 안에 세계 500대 기업에 들겠다는 큰 꿈을 제시하기도 한다. 그러나 싹이 성장하는 객관적인 섭리를 거스르기 때문에 성공하기 어렵다. 최근 유명한 한 대형 맥주기업은 도처에서 인수합병을 추진하는 등 성장속도가 매우 빨랐으나 경제효용 또한 같은 속도로 하락해 순이익이 크게 떨어지자 홍콩 주식시장에서 주가가 대폭락한 적이 있다. 확장이 너무 빠르고 일이 폭주하자 사장조차 힘들어 죽을 지경이었다. 고대 송나라 사람은 그저 "오늘 아프다" 정도였지

3. 량치차오(梁啓超)는 당시 일본어 책을 보고 경제학을 생계학(生界學)으로 번역하였다. 따라서 이 책은 "간략 경제학사" 정도가 되는 책이라고 말할 수 있다.

만, 오늘 송나라 사람은 "오늘 죽었다"일 것이다. 사실 필자는 이 기업가를 평소부터 존경해 왔으며 그의 일밖에 모르는 헌신적인 업무 정신에 많은 감동을 받았다. 그러나 그것이 싹을 뽑아서 이루어진 것이라고 생각하니 안타깝기 그지없다. 이런 자신의 싹을 뽑는 송나라 사람 식 기업가가 한두 사람만 있는 것이 아니기 때문에 문제다. 자신의 싹을 뽑아서 자신만 손해라면 그래도 괜찮다. 그러나 어떤 기업이든 전도유망한 기업이 망하면 결과적으로 GDP가 감소하고 노동자도 일자리를 잃게 된다. 싹이 죽으면 양식이 없어지게 되니 배를 곯는 사람이 절대 송나라 사람 자신에만 국한되지 않는 것이 문제다.

송나라 사람의 근본적 착오는 인간의 의지로 바뀌지 않는 객관적 규율을 어겼다는 데 있다. 작은 싹은 벼 이삭이 될 때까지는 수개월이 걸린다. 당신이 아무리 노력해도 이 규율은 바꿀 수 없다. 같은 이치로 한 지역의 경제 발전, 혹은 한 기업의 성장 또한 그 과정이 있다. 어떤 때는 이 과정이 상당히 길다. 선진국이나 성공한 기업들을 보라. 하루아침에 이름난 것이 있던가? "한 입으로는 뚱보가 되지 않는다"는 중국말이 생각난다.

1958년 중국은 '대약진 운동'[4]이라는 잘못을 범했지만 그때의 우리는 아직 어렸다. 50년이 지난 지금, 어찌 아직도 성숙하지 못해 어린아이와 같은 잘못을 범해야 한단 말인가? '대약진'의 잘못

4. 1958년에서 1960년까지 마오저뚱에 의해 진행된 중국의 급속한 경제 발전전략. 농업과 공업의 생산량을 크게 늘려 선진국을 따라잡자는 캐치프레이즈를 내걸고 인민의 강제 동원, 맹목적이고 급속한 성과주의 행정을 펼쳤으나 실패하였다.

이 윗사람의 정치적 압력에서 온 것이라면 이제는 사람들이 객관적 규칙을 존중한다는 것을 마음속에 깊이 새겼을 것이다. 기업의 입장에서 보면 자주권이 더 늘어난 것이므로 이제는 더 싹을 뽑을 필요가 없지 않을까?

'발묘조장' 은 인성에 내포된 과도한 자신감과 공적을 좋아하는 약점이 있음을 지적한다. 이런 약점을 보완하는 것이 바로 제도이다. 정부와 기업이 과학적이고 민주적인 제도를 실행하면 이런 송나라 사람의 행위는 감독과 제지를 받을 수 있다. 이는 송나라 사람이 곤경에서 벗어나려면 반드시 거쳐야 할 길이기도 하다.

3. 산을 옮긴 우공의 착각

우공이산의 고사를 배웠고
또 이렇게 사람의 의지가 하늘을 이긴 일들을 많이 하였다.
사람과 자연의 균형 속에 사회가 발전하려면
우공은 산을 옮길 수 없어야 한다.

『列子』에 "우공이산(愚公移山)"의 고사가 있다. 우공이 인간의 힘으로는 불가능한 산을 옮긴 이야기는 중국에서 불굴의 정신을 강조하는 바이블이 되었다. 마오저뚱도 자주 인용하여 모든 사람들이 다들 외우는 우공이산의 정신은 우리가 영원히 배워야 할 것이고 우리들을 격려해 주는 이야기다. 다만 마오저뚱이 강

조한 것은 그 정신이지 방법을 배우라는 것은 아니었다. 게다가 경제학적 측면에서 보면 산을 옮기는 것은 좋은 방법이 아니다.

경제학자들은 실제적인 것을 주장한다. 경제학적 측면에서 보면 우리들이 하는 일은 어떤 정신을 실현시키기 위한 것이 아니라 이익을 얻기 위한 것이다. 이 이익은 개인의 것일 수 있고 단체의 것일 수 있고 사회 전체의 것일 수도 있다. 이익을 얻으려면 먼저 비용과 이익을 계산하여야 한다. 이익이 비용보다 작은 일은 아무리 중요한 정신을 실현하는 것이라도 해서는 안 된다. 우공이산도 원래는 정신적 측면이 강조되지는 않았다. 원래는 교통을 편하게 하기 위해서였다. 하지만 교통을 편하게 하기 위해서 대대로 두 산을 파는 것이 가치가 있는 일인지는 심각하게 생각해 보아야 한다. 산을 파는 데는 비용이 든다. 산을 파기 위해 필요한 곡괭이와 광주리 그리고 소요된 돈 등은 차치하고라도 우공 일가의 몇 대가 다른 일은 하나도 하지 않고 포기한 수입, 즉 기회비용이 얼마나 되겠는가! 산을 옮기는 것이 단지 교통이 불편해서라면 얼마나 큰 이익이 있었는지 검토해 볼 필요가 있다. 필자 생각에는 아마도 너무 큰 비용을 지출한 것 같다.

물론 교통이 편하면 외부 세계로 개방되고 우공 가문의 실제 이익이 아주 커질 수 있다. 하지만 산을 옮기는 것 외에 다른 방법을 선택할 수도 있었다. 첫째는 교통이 편한 곳으로 이사하면 되는 것이다. 둘째는 당나귀 같은 교통수단을 사서 당나귀를 타고 산을 오르는 것도 한 선택이다. 셋째는 길을 고쳐도 된다. 길을 고치는 것이 아무리 어려워도 산을 파서 옮기는 것보다는 쉬울 것이다. 넷째, 옛사람들도 이미 굴을 팠었기 때문에 이 방법을 응용해서 터널을 뚫는 것이 산을 옮기는 것보다는 쉽다. 이렇게 교통이 불편하다면 여러 가지 다른 방법을 찾을 수 있다. 모든 길은 로마로 통한다고 하지 않는가? 가능한 방안들 중 가장 비용이 적게 드는 목표를 선택해야 한다. 그렇지 않으면 "경제적"이라고 할 수 없다. 경제의 원뜻은 "절약"이다.

과거 중국은 확실히 우공의 정신은 물론 우공의 방법도 배웠다. 따짜이(大寨)[5]에서 인공으로 평원을 닦은 것에서도 우공의 그림자를 느낄 수 있다. 인공으로 평원을 조성하는 데 비용이 얼마 들고 이익은 얼마인지 아무도 계산해 보지 않았을 것이다. 하지만 필자는 이 평원의 조성으로 더 수확하게 된 옥수수가 가져온 이익이 평원 조성보다 크지 않았을 것이라고 생각한다. 이러한 우공의 방법이 농업은 따짜이에서 배우라는 구호를 외치던 시대에만 사용된 것은 아니다. 시장경제로 전환된 오늘날에도 우공의 방법은 여전히 남아 있다. 각 지방에서 각종 조건과 경제성을 무시한 채 많은 비용을 투자해 공항을 건설하는 것은 우공 정신의 현대적 형태로 볼 수 있다. 여기서 우리는 우공이 사용한 것은 자기 자원이지만 현대의 우공이 사용하는 것은 국가의 자원이고 납세자의 혈세임에 주목해야 한다.

5. 중국의 대약진 운동 추진과정에서 척박한 환경에서 농업적으로 훌륭한 성과를 거둔 지역의 이름. 대약진 시기의 구호 중에는 "공업은 따칭을 배우고 농업은 따짜이를 배우자(工業學大慶, 農業學大寨)"는 말이 있다.

우공의 방법 중 또 하나 현대적 가치와 상충되는 것이 바로 생태환경의 파괴이다. 산이 그 자리에 있는 것은 이유가 있고 역할이 있는 것이다. 우공이산의 정신을 선전하면서 자연을 개조하고 사람이 자연의 이치를 극복하는 것을 강조하는데 이는 아주 위험한 발상이다. 사람이 단기적 이익 때문에 자연을 개조하는 것은 듣기에는 대단해 보이지만 장기적으로 보면 자연을 파괴하고 생태계의 균형을 무너뜨리는 것으로, 그 업보는 결국 사람이 받게 되어 있다. 『列子』가 쓰여진 시대는 환경보호 의식이 없던 시대였다. 산을 옮겨도 그뿐이고, 환경파괴로 몰려 벌을 받지도 않았다. 하지만 오늘날에는 이는 당연히 범법행위이다. 현대적 관점에서 본다면 산을 옮김으로 해서 이 지역의 기후에 변화가 생기고 생태계가 파괴되어 야생동물도 못살게 될 것이다. 우공도 교통이 편해져도 성안으로 갈 돈이 없게 되었을 수도 있다는 생각이 든다.

현대 사회에서 우공 정신만으로 경제 강국의 이상을 실현하는데는 확실한 한계가 있다. 현대화의 실현에는 우공 식의 노력만이 필요한 게 아니라 지혜도 필요하다. 경제학에는 후발이익이라는 개념이 있다. 후진국이 발전과정에서 선진국의 경험을 배워 여러 가지 면에서 더 빨리 선진국이 될 수 있다는 개념이다. 선진국을 따라잡자는 운동은 바로 이런 후발이익의 개념에서 비롯된다. 하지만 우공처럼 매일 산만 팔 줄 알고 자식들의 교육을 등한시하여 다른 사람들이 어떻게 교통문제를 해결하는지를 배우지 못하도록 한다면 다른 사람들을 따라잡을 수 없게 된다. 우리는 우공에게서 자주 독립, 자력갱생의 정신도 배울 수 있다. 하지만 다른 사람에게 배우는 것을 거절한다면 "후발"주자에게 "우위나 이익"이 있을 수 없게 되어 선진국과의 거리는 점점 더 멀어지게 될 것이다. 즉 다른 사람이 우주선을 타고 화성을 여행할 때에 당신은 아직도 산을 옮기고 있게 된다는 의미이다. 이론적으로는 산을 파서 정말 산을 옮길 수 있지만 아무리 산을 잘 파도 화성에는 결코 갈 수 없다.

그러나 선진국의 시장경제체제 경험을 배워 교훈을 얻을 수 없다면 스스로 아무리 노력해도 우공이산 같은 어리석인 방법이 될 수도 있다. 왜 중국은 시장경제체제로의 전환 10년 이후에 소유권 개혁에 중점을 두게 되었는가? 왜 중국은 시장질서의 혼란 문제를 오랫동안 방치해 왔는가? 선진국은 이 방면에 성숙한 경험이 많지만 중국은 너무 늦게 배우기 시작했다. 왜 프랑스의 세수 책임제가 실패하였는데 수백 년이 지난 오늘날 중국은 왜 그 실패를 답습하려 하는가? 선진국의 환경파괴가 큰 손실을 가져왔는데도 왜 중국의 강산은 아직도 오염되었는가? 현대를 살아가는 데는 우공같이 열심히만 해서는 부족하다. 지혜가 노력보다 더 중요하고 지혜는 다른 사람에게 배울 수밖에 없다.

우공이산은 하나의 이야기에 불과하지만 각자의 입장에 따라 각기 다른 해석을 한다. 필자의 해석이 맞는지 틀리는지는 독자의 판단에 맡긴다.

4. 정말로 걱정해야 할 기우(杞憂)

환경보호에 관심이 있는 사람들은
수천 년 동안 비웃음의 대상이 되어 왔다.
오늘날 사람과 자연이 조화로운 발전을 이루려면
모두 이런 "기우"를 가져야 한다.

"기인이 하늘이 무너질까 봐 걱정한다"는 기우(杞憂)이야기는 상당히 유명한 우화이다. 많은 중국 지도자들이 이 제목으로 글을 쓰지는 않았지만 자주 인용할 만큼 시사하는 바가 많은 이야기이다.

이 우화는 한 기(杞)나라 사람이 늘 하늘이 내려앉고 땅이 꺼질까 봐 걱정하여 밥도 못 먹고 잠도 못 잤다는

이야기다. 이 우화는 근거 없는 불필요한 걱정을 풍자한다. 요새 말로 하면 이 사람은 정신적으로 "문제가 있는" 사람이고, 당시 사람의 시각으로도 정신 이상이었을 것이다. 하지만, 불행하게도 이 기인이 여긴 그 근거 없고 불필요한 걱정들이 현실로 나타나고 있다. 그 기인이 걱정한 하늘이 무너지는 일은 화학 오염으로 지구 대기의 오존층에 구멍이 나서 많은 생물들이 모두 피해를 입는 것으로 현실화되었다. 중국의 동북 지역이나 산서 지역에서는 과도한 석탄 채굴을 한 후 제대로 메우지 않아서 지하층이 붕괴되었다. 기인이 땅이 꺼진다고 한 것과 무엇이 다른가? 여기서 우리는 정신 이상이었던 한 사람의 선견지명에 탄복하지 않을 수 없다.

인류가 존재한 이후 사람은 대자연을 파괴하기 시작하였다. 특히 스스로 만물의 영장이고 자연을 개조할 능력이 있다고 인식할 때부터, 게다가 기술의 발전으로 자연을 파괴하는 도구를 갖춘 후부터 인류의 자연파괴는 더욱 심해졌다. 근대 기술발전의 역사는 생산력을 제고시키고 물질적 부를 신속히 증가시키는 역사이기도 하지만 또한 자연이 무참히 파괴되는 역사이기도 하다. 아무도 자연의 보복을 걱정하지 않았고 기인 같은 사람이 정신병자라고 치부되면서 인간의 자연파괴는 더욱더 대담해진다.

하지만 자연이 온갖 수모를 다 견디기만 한다고 생각하면 큰 오산이다. 고대의 마야문명도 자연의 보복으로 멸망하였다. 마야는 거대한 도시, 대형 건축물과 수많은 예술품 등 오늘날의 우리도 감탄하는 마야문명을 건설했다. 하지만 마야 사람들은 대자연의 파괴를 기초로 발전하였다. 울창한 삼림은 다 베어졌고 초원은 불태워졌으며 도시의 모든 토지를 다 소모한 후 또 다른 토지를 개발하였다. 이로 인해 산사태가 났고, 무분별한 개발이 야기한 자연자원의 고갈은 결국 마야인의 수요를 충족시키지 못하여 생존의 위기를 가져왔다. 마야문명의 종말을 부채질한 부족 간의 전쟁은 바로 이러한 상황에서 발생한 것이다. 이것이 너무 과장된 유추라고 여기지 말기 바란다. 이런 전체적 생존위기까지 이르지는 않았지만 도처에서 산사태가 일어나고, 공기오염과 수질오염이 심각해지며 자연의 생태균형이 깨지는 사태가 벌어지고 있다. 이러한 자연의 재난은 이미 인류의 생존을 위협하고 있다. 기인이 하늘을 걱정하는 것에 대한 증거가 점점 많아지고 뚜렷해지고 있는 것이다.

사회경제 발전과 자연생태계 균형은 확실히 대비적이다. 경제가 발전하려면 많건 적건, 심하건 가볍건 간에 어쨌든 자연의 파괴를 초래하게 된다. 하지만 인류사회가 생태계의 균형을 위해서 경제발전을 지연시킬 수는 없는 노릇이다. 문제는 이러한 것을 기우에 지나지 않는다고 할 것이 아니라 정말로 걱정을 해야만 한다는 것이다. 경제발전을 추진할 때는 반드시 환경보호에 주의하여야 한다. 만약에 당시 기인의 걱정이 중시되었다면 오늘날의 환경파괴가 그렇게 심해지지는 않았을 것이다. 기인의 걱정은 당시에는 정말 근거가 없어서 기껏해야 “천재의 헛소리”에 지나지 않았다. 하지만 많은 과학적 근거를 가진 걱정도 무시된 경험이 있다. 인구학자 맬더스는 인구론을 내놓으면서 인구의 급격한 성장이 토지에 대한 압박을 가져오게 될 것이라는 걱정을 했었다. 토지는 제한되어 있고 증가하는 인구의 압력이 너무 커서 만일 토지를 과도하게 이용하게 되면 "재산의 어머니"를 파괴하는 것이 된다는 것이었다. 1970년대에 로마클럽의 전문가들은 인구의 성장, 양식의 공급, 자본의 투자, 에너지 소모, 환경오염 등 5개 분야에서 인류가 처할 곤경을 분석한 바 있다. 비록 그들의 비관주의적 세계 종말 모형에 동의할 수는 없으나 그들의 자연환경에 대한 우려에는 일리가 있었다. 하지만 아쉽게도 사람들은 그들을 "계산기를 가진 맬더스"라고 비난하였다. 필자는 인류의 앞날에 대하여 낙관주의적 태도를 견지하는 낙관파에 속하지만 그런 기우를 하는 사람들이 전부 틀리다고는 생각하지 않는다.

우리는 기인이 '하늘을 걱정하는' 그런 의식을 가져야 한다. 바로 환경을 보호하고 자연 생태계의 균형을 보호하는 의식을 가져야 한다는 것이다. 이것은 로마클럽의 전문가가 건의한 것같이 성장을 정지하고 그 대가로 자연을 보호하자는 것이 아니다. 성장 속에서 자연의 생태계와 환경 보호를 중시하여야 한다는 말이다. 중국에는 예로부터 "천인합일(天人合一)"이라는 사상이 있었고, 이는 아마도 인류 역사에서 가장 오래된 조화로운 발전관일 것이다. 경제학은 비용과 이익의 분석을 중시한다. 하지만 비용-이익 분석은 실제 비용이 얼마나 들어서 얼마만큼의 실제 이익을 내느냐만을 계산하기보다는 사회 전체의 비용과 이익을 고려해야 한다.

단기적으로는 기업이 오염된 물을 하천에 배출하는 것이 이익이 될지도 모른다. 지방정부가 이런 기업을 비호하여 재정수입을 늘릴 수도 있다. 하지만 전체적으로 보면 환경을 파괴하는 행위이고 장기적으로 보면 그 지역과 기업이 피해를 입게 된다. 마야문명 같은 상황이 벌어지면 모든 지역이 황폐해지니 그때 무슨 지방재정을 말하고 기업이 생존할 수 있겠는가? 이러한 기업과 지방정부의 지도자가 하늘을 걱정한다면 이는 정말 큰 행운이 될 수 있다. 황허(黃河), 창장(長江), 화이허(淮河), 주장(珠江)을 보고, 중국의 발전을 주도하는 연해 지역과 공업기지라 불리는 지역을 가서 보라. 당신은 정말 기인의 걱정이 필요하다고 느낄 것이다.

과거 일부 중국인들은 여기저기에서 검은 연기가 올라오는 것을 공업화 성공의 상징이라고 여기고, 철강 제련을 위해 삼림을 남벌하고, 양식을 위해 산을 깎고 바다와 호수를 메우고, 숲을 훼손하고 초원을 훼손하여 경작을 하였다. 오늘날도 오염되고 훼손된 자연으로 경제발전을 하려는 사람이 있으니 심히 걱정이다. 이런 상황이 계속된다면 우리 자손들의 아름다운 앞날이 훼손될 것이다.

현 중국 정부가 사람을 근본으로 여기고 조화로운 발전을 추진하는 것은 정말 시의 적절한 것이다. 사람을 근본으로 여기는 것은 양호한 자연환경을 포함한 국민 복지의 증진이 기본이다. 조화로운 발전을 하려면 경제와 자연환경보호 사이의 관계가 조화롭게 조응하여야 한다. 이러한 방향으로 발전해야만 더욱 찬란한 미래가 있을 수 있는 것이다.

슬프게도 중국은 환경보호에 관심을 갖는 기인을 수십 년 동안 정신 나간 사람으로 치부하였다. 하지만 21세기에는 온 중국 국민이 하늘을 걱정하고 땅을 걱정하고 자연생태계를 걱정하는 이런 정신을 자연생태계의 균형과 환경을 보호하는 실천적 행위로 발전시킬 수 있기 바란다.

5. 서시를 본받아서는 안 될 동시

어떤 방식의 형성에는
그 방식이 형성되는 특별한 역사적 조건이 있다.
이런 의미에서 우리가 다른 사람의 성공적 경험을 배울 때는
반드시 서시의 모든 것을
맹목적으로 본받는 동시를 기억해야만 한다.

『장자(莊子)』에 나오는 "동시효빈(東施效顰)"은 널리 알려진 성어이다.

당대의 미녀인 서시(西施)는 모든 행동이 사람들을 기쁘게 했다. 그녀는 가끔 가슴에 통증을 느껴 눈살을 찌푸리고 손으로 가슴을 움켜쥐곤 했는데 이런 아픈 모습도 사람들의 동정을 샀다. 반면에 항상 미녀가 되고 싶었던 추녀 동시(東施)는 부모에게 받은 얼굴은 바꿀 수가 없어 서시의 모든 행동을 배우기로 하였다. 그녀는 서시가 아파하며 가슴을 움켜쥐고 눈살을 찌푸리는 것까지 배웠다. 그러나 그 모습이 얼마나 보기 싫었는지 그 마을의 부자가 보고는 두문불출하였으며 가난한 사람들도 타지로 떠났다

고 한다. 장자는 이를 보고 "동시는 서시가 눈살을 찌푸린 것이 아름다운 것은 알았지만 서시가 아름다운 진짜 이유를 몰랐다." 고 결론을 내렸다.

동시효빈, 이 성어는 예를 들어, 돈 몇 푼 생겼다고 귀족인 척하거나, 경제가 아직 궤도에 오르지도 않은 낙후지역이 우선적으로 공항을 건설한다거나, 자신의 체형은 고려하지 않고 스타들의 헤어스타일을 흉내 내는 현상 등에 대하여 많은 교훈을 준다. 경제학적 관점에서는 자국에 대한 현실적 고려 없이 맹목적으로 선진국 방식을 모방하는 것을 들 수 있다. 서시의 찡그림이 예뻤던 이유는 그녀가 본래 아름다웠기 때문이다. 다시 말하면, 그녀의 찡그림이 또 다른 아름다움으로 느껴진 것은 바로 타고난 아름다움 때문이다. 동시 같은 추녀는 아무리 찡그려도 아름다워지지 않았고 오히려 정반대의 효과를 가져왔다. 이것을 경제학으로 설명해 보자. 경제이론은 일정한 가설에서 추론된 것으로 어떤 구체적인 국가나 지역에 적용될 수 있느냐는 이들이 이 조건을 갖추고 있느냐의 여부에 달렸다. 실제에서 출발하지 않고 이미 존재하는 이론을 답습한다면, 설령 이 이론이 이미 다른 나라에서 옳다고 증명되었거나 적용된 경험이 있을지라도 결국에는 동시효빈의 결과를 가져올 뿐이다.

이 이치는 그리 복잡한 것은 아니다. 그러나 사람들의 실수는 종종 이런 상식적인 이치 선상에서 발생한다. 예를 들어 기업의 포상제 도입에 있어 어떤 사람은 미국에서 상당히 성공했던 스톡옵션제를 들여오자고 주장한다. 스톡옵션은 기업 간부에게 일정 시간 내에 쌍방이 협의한 가격으로 일정량의 주식을 구매하는 권한을 주는 것이다. 만약 기업이 장기적으로 이익이 향상되어 주가가 상승하면 간부는 주가차액으로 높은 수익을 올릴 수 있다. 이런 포상제도는 기업의 실적과 간부의 기대 소득이 연계되어 있어 확실히 효과적인 작용을 일으킨다. 미국의 나스닥에 상장된 하이테크 기업 중 90% 이상이 모두 이런 제도를 채택하고 있는 것은 이 제도가 효과적인 제도임을 설명해 주고 있다. 그렇다면, 이런 제도가 중국의 대형 상장 국유기업에도 적용될 수 있을 것인가? 여기에는 전제조건이 필요하다.

스톡옵션 실행의 전제조건은 시장경제의 온전함이다. 특히 기업은 완전히 독립된 법인으로 공정경쟁 환경에 있어야 한다. 또 기업

실적 역시 간부의 능력 및 노력과 밀접한 상관관계를 맺고 있어야 한다. 그러나 많은 중국의 대형 상장 국유기업은 실제적으로 여전히 정부의 통제를 받고 있으며 그 실적은 간부의 능력, 노력과 그리 큰 상관관계가 없다. 몇몇 기업은 여전히 정부가 부여한 행정적인 독점 지위를 무기로 무상으로 국유 자원을 차지할 수 있어 누가 책임자를 맡든 이익이 생긴다. 이런 기업의 간부가 고액의 스톡옵션의 수입을 얻는 것은 합리적일 수가 없는 것이다.

또한 기업 자주권이 박탈된 경우도 있다. 일부 국유기업은 정부에 의해 이리저리 휘둘려 어떤 때는 파산 기업을 인수하라는 지시를 받기도 하고, 어떤 때는 억지 합병을 명령받는 등 기업의 자주권이 박탈되고 간부 또한 정부 부처 담당 공무원 혹은 당 간부의 명령을 들어야 한다. 이러한 기업이 부실한 것을 두고 간부 탓을 하는 것도 문제다. 상황이 이런데 회사 실적이 부진하다고 스톡옵션 수입을 받지 못한다면 받아들일 수 있겠는가? 국유기업이 '나라 국'자의 성을 달고 정부에 의해 통제되는 한 더 이상 시장경제 체제의 기업이라고 할 수 없다. 이런 상황에서의 스톡옵션 실행은 정말로 동시효빈의 결과를 가져올 뿐이다.

스톡옵션 실행의 또 다른 전제는 주식시장이 온전해야 한다는 것이다. 온전한 주식시장에서 주가는 수요와 공급에 따라 결정된다. 한 기업의 장기적 수익 능력이 향상될 때 해당 주식의 수요는 증가하고 가격도 상승한다. 이런 주식시장을 주가의 변동이 기업의 경영 상황을 반영하는 유효시장이라고 한다. 그러나 중국 주식시장은 이런 수준과는 거리가 멀다. 중국 주식시장에 대한 견해는 전문가마다 다르지만 정부의 간섭도 너무 많고 행위 규범도 없다는 것이 비교적 일치된 견해이다. 이런 주식시장에서의 주가는 진정한 기업 실적을 반영할 수 없다. 하물며 이런 스톡옵션이 또 어떻게 격려 작용을 한단 말인가?

마지막으로 스톡옵션 제도의 실시에는 온전하고 엄격한 재무제도의 뒷받침이 있어야 한다. 엄격한 재무제도를 갖춘 미국에서도 일부는 스톡옵션의 수익을 얻기 위해 거짓 장부를 만드는 일이 발생하곤 한다. 재무제도가 아직은 온전하지 않은 중국에서는 이런 일들이 발생할 개연성이 더 높다고 할 수 있다. 중국에서 유행하는 "포장되어 상장하다"라는 말은 이런 상장회사의 거짓행위를 아주 잘 설명하고 있다. 주식상장도 거짓으로 할 수 있는데 "포장하여 스톡옵션 수익을 얻는" 것은 너무 간단한 일이 아니겠는가?

스톡옵션은 그저 서시를 맹목적으로 배우지 말라는 하나의 예에 불과하다. 사실 최근 몇 년간의 개혁에서 중국은 많은 동시효빈의 손해를 보았다. 우선 무슨 헝가리 식을 배워야 한다 하더니 또 나중에는 정부 주도형 시장경제를 시행하는 한국을 배워야 한다고 했는데 그 결과는 어떠했는가? 어떤 방식도 중국에게 완전하게 맞지는 않았다. 결국 선택해야 할 것은 중국 자신만의 방식이다. 동시의 잘못이 바로 장자가 지적한 대로 "찡그림이 아름다운 이유를 알지 못했던 것"에 있었는데, 중국 역시 다른 사람의 성공 사실만을 알고 있을 뿐 성공의 원인을 알지 못했다. 그저 '베끼기'만 생각했다는 뜻이다.

미국의 경제학자인 프리드만은 "경제학의 원리는 사실 간단하다. 관건은 운용이다."라고 지적한 바 있다. 만약 단순하게 동시가 서시를 따라하기만 하면 된다면 운용은 너무 간단한다. 경제발전의 몇 가지 공통된 규율인 시장경제 시행, 생산권 보호, 개방형 경제를 실행하면 될 것이다. 이 간단한 이치를 경제학자가 논증하자면 매우 복잡하다. 각각의 국가가 걸었던 길이 모두 같지 않기 때문이다. 경제학의 난점은 이런 몇 가지 규율을 이해하는 데 있는 것이 아니라 어떻게 자신이 실제 상황에 맞게 운용을 해 가느냐에 있다.

역사상으로 동시는 추녀였다고 전해진다. 추녀는 당연히 서시처럼 그렇게 치장하거나 혹은 찡그리면 안 되었다. 그러나 동시에게도 자신을 미화하는 방법이 있었을 것이다. 예를 들면 자신에 맞는 옷을 입는다든가 자신의 특색에 맞춰 화장을 한다든가 또는 정신적 수양을 더 닦음으로써 내적인 소양으로 외모의 부족을 채우는 것이다. 못생긴 것은 결코 두려운 일이 아니었지만 미녀의 일거수 일투족을 배우려 했다는 것은 두려운 일이었다. 같은 이치로 낙후란 두려운 것이 아니다. 두려운 것은 선진국의 방식을 맹목적으로 베끼는 것에 있다. 중국은 동시를 경계로 삼아 자신의 길을 가야 한다.

6. 두 개의 복숭아로 세 장수를 죽인 포상제도

포상제도란 원래 효율을 높이기 위한 것이다.
그러나 계획이 좋지 못하면
오히려 효율을 감소시키는 작용을 하고 만다.
이것이 바로 "두 복숭아로 세 장수 죽이기"이다.

『안자춘추(晏子春秋)』 중의 "두 복숭아로 세 장수 죽이기"는 원래 포상제도 이야기가 아니라 권모술수에 관한 것이다.

> 제나라 경공을 보좌한 공손접, 전개강, 고야자 등 세 장수의 이야기이다. 세 사람은 모두 큰 공을 세웠지만, 공을 믿고 오만하기가 이를 데 없었다. 제나라 재상인 안자는 경공께 이 세 사람을 없앨 것을 권유하였지만 그들 모두 무공이 대단하여 힘으로는 이길 수가 없었다. 그래서 안자는 경공에게 세 사람에게 두 개의 복숭아를 보내도록 하여 그들로 하여금 공적을 따져서 복숭아를 나누도록 했다. 세 사람은 서로 양보하지 않고 다투다가 결국 복숭아를 버리고 자살을 택했다. 안자는 역시 권모술수에 능한 음모가였다.

현대 경제학에서 얘기하는 포상제도는 사람을 해치려는 것이 아니라 사람을 격려하고자 하는 것이다. 그러나 많은 포상제도가 합리적이지 못해 오히려 "두 복숭아로 세 장수 죽이기"의 효과를 야기해 효율 향상은커녕 도리어 효율을 감소시키고 있다.

1980년대 광뚱성(廣東省)의 많은 민영기업 사장들은 보너스를 일종의 포상제도로 간주해 연말에 사장이 액수를 결정해 직접 모든 사원들에게 보너스를 주었다. 게다가 모든 사람에게 비밀을 지키도록 요구해 서로 받은 보너스 금액을 알지 못했다. 이런 포상제도의 목적은 모든 사원이 자신에게 고마워하며 열심히 일하게 하기 위함이었다. 그러나 결과는 오히려 그 반대였다. 사람들은 모두 자신의 공헌보다 보너스가 적다고 생각했고 사장에게 불만을 품고 일부는 열심히 일을 하지 않거나 사직해 버렸다. 보너스가 바로 “두 복숭아로 세 장수 죽이기” 작용을 하게 된 것이다.

포상제는 분배제도의 일종이다. 이런 제도가 명실상부한 장려 작용을 하려면 공개와 공평의 원칙 아래 이루어져야 한다. 공개라 함은 사원 모두가 어떤 공헌에는 어떤 보너스가 따른다는 것을 알아야 하는 것을 말하는 것으로, 장려 내용이 명문으로 규정되어야 한다. 당연히 사장 혼자 밀실에서 포상액을 결정하면 안 된다. 공평이라 함은 같은 공헌을 한 사원들은 마땅히 같은 보너스를 받아야 한다는 것이다. 사장 자신의 호악에 따라 바뀔 수 없으며, 규정과 다른 시각은 존재할 수 없는 것을 말한다. 만약 이 두 가지 원칙이 지켜지지 않게 된다면 포상제도는 “두 복숭아로 세 장수 죽이기”가 되어 버린다. 사장이 보너스 주는 것을 비공개로 하게 되면 사원들은 사장의 보너스 기준을 이해하지 못한다. 사장도 사람이므로 사원에 대한 좋고 싫음이 있게 된다. 예쁘게 생기거나 말 잘 듣는 사람은 조금이라도 편애하게 되어 있고, 나이가 많아 늙었거나 불평이 많은 사람은 역시 좋아하지 않게 되어 있다. 이런 사원에 대한 업무 외적인 특성이 보너스의 기준이 될 수는 없다. 그러나 사장 자신이 보너스를 결정하게 되면 이런 좋고 싫음의 감정이 작용을 하게 될 수밖에 없다. 이렇게 되면 설사 사장이 개인적인 선호도를 벗어난다고 해도 사원은 항상 믿지 못한다. 결과적으로 자신의 적은 보너스를 모두 사장 탓으로 돌리며 개인의 실적 때문이라고는 생각하지 않게 된다. 보너스가 도리어 사원들 간의 불신은 물론 사장에 대한 불신도 야기해 오히려 효율을 떨어뜨린다. 때문에 후에 많은 사장들이 보너스 지급 방법을 바꾸어 효과적인 포상제를 수립하는 데 힘을 쏟는 원인이 되었다.

두 개의 복숭아가 세 장수를 죽일 수 있었던 원인은 바로 객관적 공로평가 기준이 결여되었기 때문이다. 각자 모두 자신의 공로가 크다고 여기는 데다 별다른 공로평가 기준이 없었기 때문에 세 장수 모두 복숭아를 얻지 못하고 죽게 되었다. 포상제도는 공헌이나 실적에 따라 보수를 지불하는 것이므로 만약 공헌이나 실적을 평가하는 객관적 기준이 없다면 의도와 관계없이 전혀 다른 결과가 초래될 수 있다.

중국의 많은 기관들은 일찍부터 '우수 공로자 평가' 제도를 채택하고 있다. 이는 예전 계획경제체제 때부터 보편적으로 시행되었던 격려 수단이었다. 그러나 현실적으로 이 제도는 지금까지 딱히 좋은 효과를 내 본 적이 없었다. 필자는 대학에서 학과장을 맡은 적이 있었는데 매년 '우수 공로자'를 선발하는 일이 나에게는 재난의 연속과 같은 일이었다. 왜냐하면 '우수 공로자 평가'의 기준에는 단지 인원 제한과 추상적인 조건 몇 가지만 있을 뿐이었기 때문이다. 이 추상적인 조건은 업무노력 정도, 강의효과의 우수 등인데 업무노력 정도나 강의효과는 그 측정이 객관적일 수 없는 것이었다. 수상자도 열심히 일하고 강의효과도 좋은 사람을 단 한 명 선발하는데, 당연히 모든 사람들은 자신이 응당 '우수 공로자'로 뽑혀야 된다고 생각했다. 이는 두 개의 복숭아를 세 명의 공신에게 주는 것과 같은 이치이다. 결국은 상관의 선호에 따라 결정되거나 단체 투표로 또는 돌아가면서 선발하게 될 수밖에 없게 된다. 이러한 애매한 방법에 의해 선발되기 때문에 수상자도 다른 사람들의 인정을 받기가 어려워진다. 우수한 평가를 얻은 사람도 맘고생을 하게 되고 낮은 평가를 받은 사람 또한 마음이 착잡해진다. 결국 우수 공로자 기준은 모든 사원의 적극성을 말살해 "두 복숭아로 세 장수 죽이기" 같은 결과를 초래한다.

포상이란 공헌과 보수를 연계해 공헌도에 따라 보수를 지불하는 제도이다. 따라서 반드시 실적을 가늠하는 객관적 기준이 있어야 한다. 이 객관적 기준이 생기면 이를 기준으로 세 장수의 공로를 평가하여 등수를 매기고, 1등과 2등은 복숭아를 먹고, 3등은 먹지 못해도 할 말이 없게 되어 자살 같은 일은 발생하지 않을 것이다. 실적평가의 기준이 객관적이고 구체적인 포상제도는 좋은 효과를 낼 수 있다. 예를 들면, 주식 가격을 이용하여 간부의 실적을 가늠하는 스톡옵션 제도, 한 해의 이윤으로 경영자의 실적을 가늠하는 연봉제, 판매액으로 판매사원의 실적을 가늠하는 판매 커미션 제도, 업무 완성량으로써 노동자 실적을 계산하는 실적 임금제 등은 모두 효과적인 포상제도이다. 물론, 일상 사무에 종사하는 많은 사무실 직원들처럼 현실적으로 업무 실적에 대해 구체적이고 객관적인 지표를 제시하기 어려운 경우도 있다. 그러나 어떤 일이든지 구체적인 판단 기준을 찾아낼 수 있다. 그 기준이 사람들에게 받아들

여지고 운영이 가능하기만 하다면 격려효과를 낼 수 있는 것이다. 출근 체크와 근속년수로써 행정직 사원의 실적을 평가하는 것 등이 좋은 예이다. 열심히 기준을 찾아 업무 실적이든 뭐든 모두 가늠할 수만 있으면 되는 것이다. 아무리 직종이 다르고 실적을 평가하는 기준이 다르다 할지라도 이러한 기준은 항상 존재한다.

제나라 경공이 포상을 결정하였지만 공신을 포상하려던 복숭아는 살인의 칼이 되고 말았다. 포상이 공개적이고 운용 가능한 제도에 의해 결정되었다면 복숭아는 효과적인 포상수단이 되었을 것이다.

포상제도는 양면성을 가지고 있다. 합리적이고 제도화된 포상제도는 효율을 향상시킬 수 있으며, 불합리한 포상제도는 효율을 떨어뜨린다. 이처럼 포상제도가 마이너스 효과를 발생시키지 않게 하려면 포상제의 제도적 설계가 중요하다. 일반적으로 제나라 경공처럼 안자의 선동을 받아 사람을 죽이는 데 포상의 초점을 맞추지는 않지만 결과적으로 사람을 죽이게 되는 사례는 결코 적지 않다. 두 복숭아로 세 장수를 죽인 이 이야기의 참뜻이 뭐든지에 상관없이 이 이야기는 효과적인 포상제도의 구상에 많은 시사점을 준다.

7. 귀공자에게 맡기면 안 되는 배의 키

귀함은 일종의 신분이지 능력이 아니다.
귀하신 자제는 이론에 강하지만 실천력이 떨어진다.
이것이 바로 귀하신 자제에게 배의 키를
맡기지 말라고 하는 이유이다.

인재를 애타게 찾고 있던 한 기업가 친구가 미국에서 MBA를 하고 돌아온 사람을 한 파티에서 우연히 알게 되었다. 이 MBA는 그 친구에게 경영관리에 대한 해박함을 자랑하였고 기업가인 그 친구는 너무 기뻐하며 그를 고액 임금의 부사장으로 초빙하고 기업 경영을 맡겼다. 그러나 일 년도 못 가 기업 실적은 떨어지고 사원들은 우왕좌왕하게 되었다. 결국 그는 해고되었다. 필자는 도

대체 무엇이 잘못된 줄을 모르겠다고 묻는 그 친구에게 『백유경(白喩經)』[6]에 나오는 "귀하신 자제에게 배의 키를 맡기지 말라"는 우화를 들려주었다.

옛날에 한 귀한 집 자제와 몇몇 상인이 바다에서 보석을 채집하고 있었다. 이 자제는 배를 모는 방법을 달달 외우고 있었다. 예를 들면 배가 소용돌이에 들어갈 때, 역류를 만났을 때, 암초가 있는 급류나 험한 물살을 만났을 때, 어떻게 키를 잡아 항해 방향을 돌리고 배를 안전하게 하는지 등등을 완벽하게 외워서 모두를 탄복시켰다. 그런데 출항한 지 얼마 되지 않아 조타수가 병으로 죽자 이 자제가 대신 키를 잡게 되었다. 마침 배가 소용돌이가 있는 급류로 향하자 그는 외운 대로 운항했지만 소용돌이를 빠져나오지 못하고 결국 침몰하여 모든 사람들이 익사하고 말았다.

이 얘기는 『사기(史記)』에 나오는 "종이 위에서 군사를 논하다"[7]라는 내용과 매우 비슷하다. 여기서 배의 키를 쥔 귀하신 자제는 병서를 숙독하였지만 실전경험이 없어 조나라를 대패하게 했던 조괄과 같다. 이는 이런 현상이 상당히 보편적임을 설명한다.

6. 5세기 전반에 활약한 인도의 승려 상가세나[僧伽斯那]의 저술로 알려진 『샤타바다나수트라』를 그의 제자인 구나브리티[求那毘地]가 492년에 한역(漢譯)하여 붙인 이름이다. 이 책은 희극적인 설화 · 비유 등을 집대성하여, 98가지의 일반 민중들이 쉽게 이해할 수 있도록 우화로 풀어 설명하고 있는 점이 특징이다.
7. 紙上兵談(지상병담). 책으로 병법은 열심히 공부하였으나 실전 경험이 전혀 없는 조나라의 한 장군이 전투에서 대패해 결국 조나라가 망했다는 이야기로, 사기(史記) 염파인상여열전(廉頗藺相如列傳)에 실려 있다. 紙上兵談(Mere paper talk)이란 실제 문제를 해결하지 못하는 공론(空論)을 비유한 말이며, 탁상공론(卓上空論, an armchair argument)과 같은 표현이다.

경제학적 측면에서 보면 이는 여하히 인력과 자본을 판단하고 사용하는가의 문제이다. 시장경쟁의 핵심은 인재경쟁이다. 인재란 바로 보다 많은 인력자본이 있는 사람이다. 인력자본은 사람이 지니고 있는 체격, 능력 그리고 업무태도를 말하는데 이는 정규 학교교육, 재직 훈련, 경험 등으로 이루어진다. 그러나 인력자본이 있는 사람과 없는 사람을 표면적으로 구분해 내기란 쉽지 않다. 또 개인이 얼마의 인력자본이 있는지도 가늠하기가 매우 어렵다. 따라서 어떻게 인력자본을 판단하고 또 가늠하는지가 인재를 끌어들이는 관건이 된다. 많은 사람들은 인력자본의 판단 기준으로 학력을 중시한다. 이것도 일리는 있다.

경제학자들은 두 가지 다른 이론으로 학력과 인력자본의 관계를 해석한다. 하나는 교육을 많이 받고 학력이 높은 사람이 능력이 높다는 교육능력론이며, 다른 하나는 학력은 능력이 많은 것을 나타내는 신호라는 교육신호론이다. 일반적으로 학력이 높은 사람이 능력도 좋고 인력자본도 많다. 이런 면에서 학력으로 인력자본을 판단하는 것은 맞는 말이긴 하다.

그러나 학력이 절대로 유일한 기준은 아니다. 한 사람의 인력자본을 판단할 때 가장 근본적인 기준은 얼마의 책을 읽었고 얼마의 지식이 있는지 또는 어떤 학위를 받았는지가 아니라 실적이다. 왜냐면 지식이 있다고 해서 실제 업무능력이 있는 것은 아니며 또 실적을 낼 수 있는 것도 아니기 때문이다. 이런 면에서 "아는 것이 힘이다"라는 베이컨의 명언은 사실 약간 단순화된 것이다. 지식을 성공적으로 운용해 실적으로 바꾸는 것이 바로 '힘'이다. 책에서 배웠던 지식이 실적으로 연결되려면 두 가지의 조건을 구비해야 한다. 첫째는 근면, 노력 및 타인과의 협조 등을 포함하는 정확한 업무태도가 있어야 한다. 또 하나는 실제 상황에 대한 이해이다. 이것이 전제되어야 자유자재로 지식을 운용할 수 있고 그 과정에서 풍부한 경험을 쌓을 수 있기 때문이다. 때문에 경험은 인력자본의 중요한 기초가 된다.

귀하신 자제분과 조괄은 모두 많은 책을 읽어 확실히 풍부한 지식을 가지고 있었다. 오늘날이라면 이 자제분은 항해학 박사였을 것이고 조괄도 군사전략학 박사쯤 되었을 것이다. 그러나 한 사람은 배를 침몰시켰고, 한 사람은 전투에서 대패하였다. 이들에게 부족했던 것은 바로 실천과 경험이었다. 항해와 전쟁은 변화무쌍하여 책 속의 지식으로는 결코 다양한 변화에 대응할 수 없다. 배를 몰아 보지 않고 전쟁을 한 적이 없는 책벌레들에게 책 속의 지식은 소용이 없었다. 그저 책 속의 지식과 학위만으로는 결코 인력자본이 될 수 없기 때문에 학력을 인력자본과 사원모집의 기준으로 삼는다면 착오가 생기게 마련이다.

필자의 친구가 초빙했던 미국 MBA 출신의 부사장도 많은 경영관리 이론 심지어는 경영관리 권위자들의 어록까지 줄줄 외울 정도로 서적 지식은 확실했으나 중국의 실제 상황에 대한 이해는 깊지 못했다. 게다가 중국 기업과 시장의 실제 상황 파악에 그다지 노력하지 않으면서 그저 책 속의 항목들을 실제 상황에 적용했기 때문에 실패는 어쩌면 당연한 귀결일지도 모른다. 외국의 경영관리 이론은 외국 기업들의 실전관리를 통해 종합된 것으로 기업관리의 일반 규율을 반영하기는 한다. 그러나 이런 규율을 구체적인 한 기업에 적용하려면 반드시 그 기업의 실제 상황이 출발점이 되어야 한다. 이 점에서 미국 MBA 출신 부사장과 귀하신 자제와 조괄은 별다른 차이가 없다. 이 MBA는 치명적인 결점이 또 하나 있었는데, 바로 자신이 MBA라면서 안하무인이었으며 다른 사람과 협력하려 하지 않았다는 점이다. 어떤 사람이 아무리 능력이 많더라도 만약 이런 능력을 발휘할 수 있는 팀워크를 갖추지 못했다면 그의 인력자본은 제로가 된다. 필자는 이 기업가 친구에게 말했다. "네가 귀하신 자제분을 고용해 운항을 맡겼는데 실패하지 않을 수가 있겠어? 배가 가라앉아 너희들 모두 익사하지 않은 것만도 불행 중 다행으로 생각해."

물론 이렇게 얘기한다고 해서 서적 지식과 학력의 중요성을 무시하는 것은 결코 아니다. 공부와 학교수업은 사람의 능력 향상에 매우 중요한 것이다. 만약 귀하신 자제가 먼저 책 속의 항해술을 배우고 난 후 실제와 결합하여 지식을 운용하였다면 그의 항해술은 틀림없이 책을 읽지 않은 사람보다 높았을 것이다. 같은 이치로, 병서를 숙독한 조괄이 만약 실제 상황을 고려하는 작전을 구사하였다면, 지휘 능력이 그의 아버지 조사를 뛰어넘었을 것이다. 이론과 서적의 지식은 모두 필요한 것이지만 어떻게 쓰느냐가 관건이다. 만약 미국의 MBA를 뽑았다면, 우선 중국 기업의 실제 상황을 이해할 수 있도록 하급 단위에 배치하여 경험을 쌓게 하고 다른 사람에게도 배우게 했다면 그는 틀림없이 훌륭한 CEO가 되었을 것이다. 미국 MBA 학위는 분명히 그만한 가치가 있을 테니 말이다. 필자는 기업가 친구에게 말했다. “사실 네가 높은 임금을 지불하고 높은 자리를 주어 그로 하여금 안하무인이 되게 했으니 실질적으로 네가 그를 해친 셈이다. 만약 귀한 자제가 항해학 박사를 딴 다음 선원부터 시작했다면, 틀림없이 우수한 선장이 되었을 거야.”

우화는 항상 현실과 놀라울 정도로 비슷하다. 모든 기업가들은 이 우화를 기억하여 필자의 친구와 같은 실수를 범하지 않기를 바란다.

8. 모범이 되어야 하는 사장

본보기의 힘은 무궁한 것이다.
한 기업 내에서 직원은
사장의 나쁜 본을 배울 수도 있고
좋은 본을 배울 수도 있다.

명예 퇴직자 한 사람이 자신의 아이가 열심히 공부할 수 있도록 아이 학업을 위해 좋은 조건을 만들려 노력했으나 아이는 도통 공부를 하지 않았다. 그 원인을 살펴보니 이 학부형은 퇴직 후 진취적인 생각은 하지 않고 종일 집에서 마작만 했다. 아이가 어려서부터 본 것이 마작밖에 없었으니 무슨 공부에 흥미

가 생겼겠는가? 집에서 가장은 아이의 본보기이다. 기업에서는 사장이 바로 직원의 본보기가 된다. 본보기는 무슨 역할을 할까? 『한비자』에 이런 우화가 있다.

추(鄒)나라 왕이 긴 끈이 있는 모자 쓰기를 좋아하자 주위 사람들도 그런 모자를 즐겨 썼다. 이래서 유행이 되어 이런 긴 끈 모자가 비싸졌다. 왕은 이를 걱정하여 신하들에게 도움을 청했다. 한 신하가 왕께서 끈이 긴 모자를 쓰기 좋아하시니 백성들도 따라 써 모자 값이 당연히 비싸지는 것이라고 말했다. 그래서 추나라 왕은 긴 끈을 잘라 끈이 없는 모자를 쓰고 다녔다. 백성들은 왕의 기호가 변한 것을 보고 더 이상 긴 끈 모자를 쓰지 않게 되었다.

이 우화는 우리들이 익히 다 알고 있는 이치를 설명하고 있다. 본보기의 힘은 대단한 것이지만 결코 누구나 본보기가 될 수 있는 것은 아니다. 한 나라에서는 왕이 본보기가 되며, 그 본보기는 어떤 행정 명령이나 도덕적 교육보다도 효과가 있다. 기업에선 사장만이 본보기가 될 수 있으며, 이런 본보기의 힘은 실로 무궁한 것이다.

경제학은 기업가의 재능과 노동, 자본 및 자연자원을 네 가지 생산요소로 나열하고, 이 중에서 기업가의 재능을 가장 중요하다고 강조한다. 기업가가 바로 노동, 자본과 자연자원 들을 하나로 잘 구성하여 생산활동이라는 그럴듯한 연극을 연출해 내기 때문이다. 기업가는 기업의 혼으로 기업 성패의 관건이다. 많은 국가의 경제가 낙후한 것은 노동, 자본, 자연자원이 부족해서 또는 기술이 부족해서가 아니라 바로 기업가가 부족해서이다. 마찬가지로 한 기업이 성공하지 못하는 이유는 자금, 인재, 기술이 부족한 것이 아니라 진정한 기업가가 부족해서이다. 웰치를 떠나서는 GE를 생각할 수 없고, 루 거스너를 떠나서는 IBM과 같은 큰 코끼리가 춤을 출 수 없었고, 빌 게이츠를 떠나서는 마이크로소프트사의 오늘을 생각할 수 없다. 이는 마치 앞의 우화에서 나타난 추나라 왕의 지위와 같은 것이다.

기업가는 이렇게 높은 지위로 추앙받긴 하지만 상당히 큰 책임도 부담해야 한다. 기업가는 정책 결정자와 관리자일 뿐 아니라 창조자이며 위험 부담자여야 하기 때문이다. 필자 생각으로는 기업가에게는 "모든 직원의 본보기"라는 더욱 중요한 역할이 추가되어야 한다. 기업 내에서 사장만이 본보기가 될 수 있는 것은 기업에서의 지위 때문이다. 사장은 기업의 리더일 뿐만이 아니라 자연적으로 형성된 권위가 있다. 이 권위는 사장이라는 권력에서 나오고 또 기업을 이끌어 가면서 형성된 위엄에서 나온다. 이런 위엄은 다른 사람이 확대시켜 생긴 것이 아니라 자발적으로 형성된 것이다. 한 민영 기업가가 자신의 능력을 믿고 시장 경제의 틈새 속에서 성장하여 무에서 유를 창조하며 대기업을 이루었다면 직원들이 어찌 속으로 탄복하고 숭배하지 않을 수 있겠는가? 한 기업가가 자신의 능력으로 파산에 직면했던 국유기업을 유명한 기업으로 발전시켜 노동자들을 실업의 위기에서 구했다면, 더구나 그들이 중산층이 되었다면 어찌 직원들이 존경하지 않을 수 있겠는가?

사실 사장의 권위와 위신은 추나라 왕의 그것과는 다르다. 왕의 지위는 부자 승계로, 권위는 세습에 의해 이루어진다. 그러나 사장은 자신이 천하를 건설한 초대 왕으로 그의 권위는 업적으로 수립된다. 사장의 본보기 역량은 바로 여기에서 나온다고 할 수 있다. 사장의 본보기 역량은 직원에게는 매우 큰 영향력이 있어 마치 추나라 백성이 왕의 긴 끈 모자 착용을 모방하는 것같이 직원들도 사장의 일거수일투족 심지어는 옷차림까지도 모방한다. 사실 이런 것들은 그다지 중요하지 않다. 사장의 본보기는 주로 회사관리 구조의 수립과 운영에 있기 때문이다.

우리는 기업문화가 회사관리 구조에서 매우 중요한 구성 성분임을 알고 있다. 기업 문화는 기업 직원들이 공통적으로 인정하는 가치관으로, 기업 내부의 직원들이 편한 마음으로 일할 수 있게 하는 문화적 분위기이다. 기업문화는 바로 사장의 문화이며 사장 개인의 가치관이 기업에서 체현된 것이다. 그래서 한 기업이 어떤 문화를 형성하는가는 완전히 사장 본인에 달려 있다. 이는 마치 추나라 백성이 어떤 모자 쓰기를 좋아하느냐가 왕의 기호에 달려 있는 것과 같은 이치다. 예를 들면 모두 '학습형 기업'을 얘기하고 있는 현재, 만약 사장이 공부를 좋아하지 않아 시간만 있으면 마작을 하고 춤을 춘다면 직원들의 학습 분위기가 조성될 수 있겠는가? 만약 사장이 무식하여 맞춤법이나 끊어 읽기도 제대로 되지 않는다면 직원들이 공부에 적극성을 띠겠는가? 학습 풍토가 정착되어 있는 기업은 사장이 반드시 공부를 좋아한다. 현재 많은 기업들이 기업 내의 평등과 민주적 분위기를 강조하는데, 이런 분위기는 확실히 직원의 적극성을 유도하는 데 유리하다. 그러나 만약 사장 본인이 이라크의 사담 후세인 같은 독재자여서 다른 사람에 대해 불평등과 독단으로 일을 처리한다면 기업 내의 평등과 민주적 풍토는 조성되기 힘들 것이다. 사장은 다른 사람에 대한 요구와 자신이 하는 것이 틀리는 이중인격을 가져서는 안 된다. 이런 의미로 볼 때 사장의 소양이 기업문화를 결정하며 소양이 낮은 사장은 결국 대기업을 이룰 수 없다고 할 수 있다.

기업관리에서 조직은 기업의 제도화된 관리와 운영의 실현을 보장해 준다. 제도의 제정은 그리 어렵지 않으나 그 실시는 쉽지 않다. 많은 기업에 대해 관찰한 후 필자가 내린 결론은 건전한 제도가 있는 기업은 적지 않지만 진정으로 제도화된 운영을 하는 기업은 많지 않다는 것이다. 제도가 있으나 실시하지 않는 기업에서 제도를 파괴하는 사람은 바로 사장 본인이다. 기타 직원도 제도를 어기지만 이는 그리 큰 문제가 아니며 고칠 수 있다. 그러나 사장이 스스로 제도를 어기면 고칠 사람이 없으며, 직원에게 '제도는 아무 상관없다' 는 잘못된 인식을 심어줄 수도 있다. 이런 기업에서는 제도가 있지만 시행하지 않고, 규정이나 조항이 있어도 집행하지 않으면서 그저 사장의 일시적인 뜻에 좌우되니 회사관리제도가 아무리 완벽하더라도 소용이 없는 것이다.

추나라 백성은 왕을 본보기로 삼았고 기업의 직원들은 사장을 본보기로 삼는다. 직원들은 사장의 좋은 본을 배울 수도 있고 나쁜 본을 배울 수도 있다. 이는 완전히 사장이 어떤 본보기냐에 달려 있다. 사장이라고 실수하지 않는 것은 아니다, 그러나 추나라 왕의 우화에서와 같이 잘못이 있어 바로 고칠 수 있다면 이것이 바로 좋은 본보기일 것이다.

9. 잘 들어야 할 타인의 충고

인간 본성이 가진 약점 중의 하나는
지나친 자신감이다.
그래서 고집스럽게도 독단적이 되어
충고는 듣지 않고 실수를 하게 된다.
기업가가 성공하려면 반드시 이런 약점을 극복해야 한다.

한 친구가 음료 생산을 하고 싶어했다. 하지만 필자는 그의 능력이 그다지 미덥지 않아 사업 참여를 만류했다. 왜냐하면 음료 시장을 개척하려면 많은 돈을 쏟아 부어 광고를 해야 하기 때문이다. 음료 사업은 전망이 좋기는 하지만 일단 먼저 많은 '돈을 태워야' 할 만큼 자금을 쏟아 붓지 않으면 성공하기 힘들다. 나는 광고로 성공한 음

료의 예를 들면서 그를 설득하였지만 그는 자신의 음료는 특색이 뚜렷해 별다른 광고가 필요 없다고 생각하면서 자신의 생각을 계속 고집했다. 내 돈도 아니고, 걱정해서 뭐하나 하는 생각도 들어 필자는 더 이상 말을 하지 않았다. 일 년 후 그를 다시 만났을 때 그는 사업에 실패해 있었다.

이와 유사한 예는 매우 많다. 많은 실패자들은 그의 실패 전에 충정 어린 충고를 한 사람이 있었음에도 여전히 자신의 고집을 부렸던 것이다. 명대 문학가가 쓴 『응해록(應諧錄)』에 나오는 한 우화를 살펴보자.

어떤 장님이 한 메마른 강의 다리를 건너가다가 잘못하여 미끄러져 떨어질 뻔하였다. 그는 용케도 두 손으로 난간을 붙잡았으나 강 속으로 떨어질까 봐 두려워하고 있었다. 다리를 건너던 한 나그네가 강에 물도 없고 깊지도 않으므로 손을 놓아도 된다고 장님에게 알려 주었다. 그러나 장님은 그 말을 듣지 않고 버티다가 손에 힘이 풀려 땅에 떨어졌으나 다행히 아무 일도 없었다. 장님은 말했다. "진작 알았다면 이렇게 고생할 필요가 없었을 텐데…."

장님은 다른 사람의 말을 듣지 않아 조금 더 힘들었을 뿐이지만 기업을 하면서 다른 사람의 말을 듣지 않으면 크게 손해를 볼 수 있을 뿐 아니라 기업의 존망까지 위협할 수 있게 된다. 이런 장님들은 과거에도 많았지만 현재에도 많으며 미래에도 많을 것이다.

사람은 왜 남을 믿지 않을까? 행위 경제학은 심리 분석을 운용하여 인간의 행위를 연구하면서 지나친 자신감이 인성의 약점인 것을 발견하였고 또 남자의 자신감에 대한 자만이 여자보다 더 심한 것을 발견했다. 예를 들어 사람들은 주식 투자에 성공하면 모두 자신의 시장 분석이 정확해서 시기 파악을 잘했다고 생각하면서 자신이 정말 똑똑한 사람이라고 여긴다고 한다. 반대로 주식 투자에 실패하면 운이 나빴을 뿐이지 재능의 문제는 아니라고 생각한다고 한다. 사람들이 남을 믿지 않는 또 다른 원인은 정보가 딱 맞아 떨어지지 않는 세상에서 가짜 신호를 발송하는 사람이 너무 많기 때문이다. 이는 사람들 간에 불신임을 야기한다. 때문에 종종 한 사람의 사기를 모든 사람의 사기로 여기기도 하고 우연한 사기를 아주 계획적인 사기로 생각하기도 한다. 필자의 친구는 대략 전자에 속한다면, 장님은 후자의 경우이다. 필자의 친구는 맨손으로 자기 사업을 하는 것이니 약간의 자신감이 있는 것도 정상이긴 하다. 장님은 아마도 여러 번 속아 봤었을 것이므로 다른 사람의 말을 믿지 않는 것도 이해가 간다. 만약 강물이 흐르고 있었다면 이는 목숨과 관계된 것이니 안 그렇겠는가?

일반인이라면 지나친 자신감이나 속임을 당한 경험 때문에 다른 사람의 충고를 듣지 않을 수 있다. 그러나 기업가로서는 매우 위험한 일이다. 성공한 기업가는 모두가 영원할 수는 없다. 영원히 실수하지 않는 사람은 없기 때문이다. 경제학자들의 연구에 의하면 기업가의 생명주기에는 다섯 단계가 있다고 한다. 이는 창업과 발전, 개혁의 모색, 풍격의 형성, 전면적 강화 단계 그리고 경직과 장애에 직면하는 다섯 단계이다. 이런 과정 속에서, 기업가의 실적에 영향을 주는 중요 요인의 하나가 바로 정보의 습득이다. 사업을 처음 시작할 때는 모든 의견의 수렴이 가능할 수 있고 정보 소스의 폭도 넓지만, 성공 후에는 지나치게 자신감이 팽배해 외부의 소스가 감소하고 심지어는 정보가 있어도 듣지 않게 된다고 한다. 보통 사람이 다른 사람의 충고를 듣지 않는 것은 대수롭지 않지만, 수천 수만 명을 이끄는 기업가가 다른 사람의 충고를 듣지 않는다면 큰 실수를 할 수 있다. 이렇게 초래된 손실은 개인뿐만 아니라 직원과 사회에까지 영향을 끼치게 된다. 따라서 기업가는 반드시 인성의 약점인 지나친 자신감의 문제를 극복해야 한다.

물론 기업가라고 해서 어떤 말도 듣는 그저 좋기만 한 사람이 되라는 뜻은 아니다. 말 중에는 잘못된 생각도 있게 마련이니 누구 말이든지 다 들으면 정책 결정을 할 수 없기 때문이다. 많은 정보 속에서 정확한 정보를 걸러내는 정보의 취사선택을 잘해야 한다. 아마도 많은 충고는 모두 선의겠지만 좋은 뜻이라고 해서 정확하다고는 할 수 없다. 이런 의미에서 필자의 친구가 내 권고를 듣지 않았어도 난 화가 나지 않았다. 필자가 얘기할 권리가 있듯이 그에게도 선택할 권리가 있기 때문이다. 정보의 여과는 쉽지 않지만 결코 불가능한 것도 아니다. 예로, 장님은 소리로써 정보의 정확성과 착오를 판단했을 수 있다. 만약 그에게 손을 놓으라고 했던 사람이 늙고 진실한 목소리였다면 믿었어야 했고, 그에게 손을 놓으라고 한 사람이 젊고 약간은 바라진 목소리였다면 듣지 않아도 되었다. 물론 이는 경험담일 뿐이다. 그러나 모든 사람은 생활 경험 속에서 정보 판단의 정확성과 착오의 경험을 약간은 가지고 있으니 느낌은 있었을 것이다. 성숙한 기업가라면 반드시 정보를 정확히 판단하는 능력이 있어야 한다. 그러나 정보의 홍수 속에서는 항상 숙고하여야 하며 절대 다른 사람의 말이 다 끝나지도 않았는데 단칼에 잘라서는 안 된다.

필자는 기업가가 그 장님의 모습은 배우지 말고 다른 사람의 의견을 잘 듣기를 희망한다. 그러나 기업가도 사람이기 때문에 약간의 인간적 약점이 있을 수 있다는 것을 인정해야 한다. 이때 필요한 것이 바로 기업가가 다른 사람의 말을 듣지 않아서 야기될 수 있는 실수를 어떤 제도로 방지할 수 있는가이다. 이사회를 통한 정책결정이 바로 개인의 실수를 피하려는 제도의 하나이다. 기업이 작을 때는 한 사람이 정책결정을 해도 괜찮다. 이런 정책결정은 원활하고, 시의 적절할 수 있는 장점이 있어 귀중한 상업적 기회를 놓치는 것을 피할 수 있다. 기업이 커졌을 때도 종종 중요한 상황에서는 대담하게 결정하는 기업가 개인의 역할도 당연히 필요하다. 그러나 한 사람이 독재를 하면 개인의 인간적 약점과 능력의 한계 때문에 중대한 정책결정에서 실수할 확률이 높아진다. 이러한 때 민주적인 정책결정제도가 필요한 것이다. 이사회가 있다면 중대한 정책결정을 이사회에서 할 수 있다. 비록 당신이 이사장이더라도 다른 사람의 의견을 듣지 않을 수 없다. 필자의 친구처럼 의견을 그저 듣고 말아 버리는 식은 안 된다. 때문에 제도를 통한 인성의 개조와 약점 제거가 필요한 것이다. 현재 중국은 기업의 민주적 정책결정제도 수립을 적극 장려하고 있다. 이는 결코 만장일치의 가짜 민주주의나 우물쭈물하다가 기회를 놓치는 민주주의가 아니라 다양한 의견을 적극 수렴하여 실수를 줄이고자 하는 것이다.

사람들은 종종 장님을 동정하여 그들이 불쌍하다고 여긴다. 이 우화에서 정상인이면 하지 않을 실수로 장님은 많은 시련을 겪었다. 사실 다른 사람의 의견 청취에 인색하면 우리는 모두 장님이다. 누구의 말도 듣지 않고 제멋대로 하는 기업가는 눈 먼 말을 탄 장님과 같다. 장님이 손해 볼 것이라는 것을 누구든 다 알지만 자신이 누구의 말도 듣지 않으면 손해가 장님보다 더 클 수 있다는 것은 미처 생각하지 못한다. 이 우화를 기억하라, 그러면 적어도 우화 속의 장님같이 다리에 매달리는 고생을 하지는 않을 것이다.

10. 무시하지 말아야 할 포장

"구슬 상자를 사고 구슬을 되돌려 주다(買櫝還珠)"라는
성어의 뜻은 결코 포장이 지나치게 화려한 것을
조소하는 것이 아니다.
이 성어의 의미에 대한 정확한 이해의 관건은
바로 포장을 절대 무시하지 말라는 것이다.

구슬 상자를 사고 구슬은 되돌려 준다는 "매독환주(買櫝還珠)"는 잘 알려진 성어로 『한비자』에서 나온 말이다. 이야기인즉슨,

정나라에 가서 옥구슬을 파는 초나라 사람이 모란으로 구슬 상자를 만들고, 다시 계피나무와 산초나무로 덮은 다음, 장미와 같은 보석, 깃털을 매달아 구슬을 담아 팔자 정나라 사람이 그 상자를 사고 정작 옥구슬은 돌려주었다는 것이다.

이 이야기는 본질은 버리고 지엽을 따르는 취사선택이 잘못되었음을 풍자하고 있다. 이를 비즈니스에 적용시키면 상품의 포장만을 강조하여 사람들을 들뜨게 해 인기를 얻고자 하는 것을 가리킨다. 그러나 현대 경제학의 각도에서 보면, 상품과 상품 포장 사이의 관계에 대한 이런 해석은 결코 적절하지 못해 잘못된 인식을 일으킬 수 있다.

상품이 잘 팔리려면 당연히 품질이 좋아야 하고 특색이 있어야 한다. 그저 화려한 포장만으로 소비자를 기만하면 실속이 없게 되어 장기적으로는 분명히 성공할 수 없다. 만약 기업이 그저 포장에만 열을 올리고 제품의 품질 향상과 특색 창출에 신경을 쓰지 않는다면 포장이 아무리 좋아도 소용이 없는 것이다. 구슬 상자만 사고 옥구슬을 되돌려 준다는 이 우화가 말하는 본말이 전도된다는 속뜻은 이런 종류의 기업에게는 상당히 의미가 있다.

그러나 제품의 품질이 좋으면 포장을 무시할 수 있을까? 만일 초나라 사람이 찢어진 종이 상자로 포장하여 정나라로 가서 옥구슬을 팔았다면 아마도 팔리지 않았을 것이다. 정나라 사람들은 낡은 상자로 포장된 구슬의 가치를 인정하지 않았을 것이며 결국 구슬도 팔리지 않았을 것이다. 한비자는 이러한 경우를 직접적으로 언급하지 않았지만 현실 속에서는 이런 일들이 가끔 일어난다.

세계적인 화학회사인 듀퐁의 화공 제품은 항시 잘 팔렸다. 그러나 1950년대 초에 듀퐁은 자신의 시장 점유율이 점점 내려가는 것을 발견했다. 제품을 분석해 보니 결코 품질이 나빠진 것도 아니고, 다른 경쟁자가 앞서간 것도, 혹은 무슨 더 좋은 대체품이 생긴 것도 아니었다. 듀퐁은 시장조사 과정에서 포장이 문제였음을 발견했다. 듀퐁 제품의 품질은 좋았지만 포장에 두 가지 심각한 문제가 있었던 것이다. 하나는 포장의 품질이 나빠 자주 파손되어 소비자들이 외면하게 되었으며, 또 하나는 포장에 특색이 없고 너무 단순하여 소비자가 설사 듀퐁 제품을 구입하고 싶더라도 포장 면에서 구분이 힘들다는 문제가 지적되었다. 결국 소비자들이 특색 있는 포장을 한 제품을 살 가능성이 많았다는 것이다. 듀퐁 측은 시장조사를 통해서 63%의 소비자가 상품 선택 시 일단 포장을 중시한다는 것을 발견했다. 포장은 결국 제품이 소비자에게 주는 첫 번째 인상이 된다. 이를 "듀퐁 원칙"이라고 한다.

듀퐁은 전문적인 팀을 구성해 포장의 개선 문제 연구에 착수했다. 그들은 포장의 가장 기본적인 기능은 상품의 완전성 보호에 있고, 그 다음 기능이 해당 제품의 전체적 특색 일부를 나타내 소비자를 끌어들이는 것을 인식하였다. 이 과정에서 듀퐁 측은 보통 상품의 포장이 생산비의 3%에서 15%를 차지한다는 것을 계산해 냈다. 3%보다 낮으면 포장은 제품의 보호 작용을 하지 못한다. 그러나 일반 상품의 포장비용이 생산비의 15%를 넘게 되면 "구슬 상자를 사고 구슬을 되돌려 주는(買櫝還珠)" 착오를 낳을 수 있다. 이후, 듀퐁은 이 연구 결론을 근거하여 포장을 개선하였고 제품 판매는 정상을 회복했다.

사실 중국에도 듀퐁의 경우와 유사한 일이 매우 많다. 주지하다시피 중국의 전통적 지혜는 실질적 혜택에 초점을 맞추고 외모는 중요시하지 않는다. 중국의 많은 제품들이 이런 사고에 기초해 제품 포장을 했고 결과적으로 국제 시장에서 많은 손해를 보았다. 홍콩 시장에서 인삼 시장을 놓고 격돌한 한국과의 경쟁은 좋은 예가 될 수 있다. 중국과 한국은 모두 홍콩에 동일하게 인삼을 수출했다. 한국 인삼은 포장이 아름답고 화려해 가격은 높았지만 시장에서 매우 환영을 받았다. 그렇지만 중국 인삼은 과거대로 마대자루에 넣어져 별다른 포장 없이 판매되었다. 그 결과 가격이 낮아도 구입하고자 하는 사람이 없었다. 이것이 아마도 중국인들이 항상 얘기하는 "물건은 겉껍질을 파는 것이다"라는 뜻이리라. 이 의미로 볼 때 초나라 사람이 성심껏 구슬을 포장한 것도 틀린 것은 아닌 듯싶다. 현재 중국은 이 방면에서 많은 개선이 이루어져 다수의 제품들이 포장으로서 환영을 받고 있다. 예를 들면 유명 예술가 황영옥이 디자인한 지우꾸이(酒鬼)라는 술 포장은 마대자루 같지만 매우 특색이 있어 사람들의 환영을 받게 되었고 이 술의 시장 개척에 큰 공을 세웠다.

그러나 이 우화가 풍자하고 있는 초나라 사람은 그 정도가 너무 심했다고 할 수 있다. 듀퐁의 연구에 의하면 일반 상품은 생산비 속에서 포장비가 점유하는 비율이 15%를 넘지 않았다. 물론, 이 상한선이 현재에 맞고 또 모든 업종에 유효하다고는 할 수 없으나 듀퐁은 당시 조건으로 이 포장의 상한선을 제시한 것이다. 일반 상품과 선물의 포장비용 상한선은 매우 틀리다. 당연히 선물이 포장을 더 중시한다. 그러나 어떤 상품이든 상관없이 포장비용이 생산비 속에서 얼마를 차지하느냐는 항상 무한정이다. 『한비자』의 서술에 따르자면 초나라 사람이 만든 상자는 좀 지나쳐서 소비자로 하여금 그저 외적 포장만을 보고 실질적 내용은 보지 못하게 하였다. 포장은 제품을 세일즈하려고 하는 것이다. 이런 관점에서 보면 초나라 사람은 결코 나무 상자 생산자가 아니라 구슬 장사였다. 상자만 팔고 구슬을 팔지 못했다면 이는 완전히 '본말이 전도'된 것이라 하지 않을 수 없다.

우리가 현실 생활 속에서 주의해야 할 것은 이런 초나라 사람이 점점 많아진다는 것이다. 많은 건강 보조 식품은 포장비용이 약 30%를 차지하고 있거나 심지어는 이를 더 상회하고 있다. 정교한 인쇄로 포장된 큰 상자 속에 물건은 얼마 없는 경우를 우리는 많이 보았다. 매년 추석에 출시되는 월병의 경우는 대략 포장비용이 월병 생산비의 몇 십 배 심지어는 그 이상이 되기도 한다. 금으로 포장된 정교한 공예품 상자에 월병 몇 개만을 넣은 것도 있다. 전혀 포장을 중시하지 않거나 지나치게 포장을 중시하는 것 모두 소비자에게 환영받지 못한다. 결국 대다수 소비자들은 포장은 역시 버리는 것이고 그렇게 많은 돈을 써서 포장상자를 사는 것은 가치가 없다고 여길 것이다. 포장 생산비가 가격에 포함된다는 것은 누구나 안다. 따라서 듀퐁이 제시한 포장비용의 상한선을 무시하면 성공하기 어렵다. 이를 무시하는 기업들은 가히 현대의 초나라 사람이라 부를 수 있다.

우리가 절대 포장을 무시하지 말라고 하는 것은 포장의 제품 특성 창조 기능과 시장 개척 기능을 강조하기 위함이다. 이런 의미로 볼 때, 구슬 상자를 사고 구슬을 되돌려 준다는 이 우화는 약간은 편협적이다. 포장은 적당함을 추구해야 한다. 지나치면 부작용이 일어나기 때문이다. 이런 관점에서 구슬 상자를 사고 주옥을 되돌려 준다는 매독환주(買櫝還珠)라는 이 우화는 많은 현실적 의미를 담고 있다고 할 수 있다.

11. 인성과 이성인에 대한 가정

중국에는 예로부터 '성선설'과 '성악설'의 논쟁이 있었다. 그러나 이 두 학설은 모두 추상적이고 보편적 인성의 존재를 인정하고 있다. "습관은 다를 수 있어도 인간의 본성은 같다."라는 말이 바로 이 이치를 잘 설명해 준다. 인성은 과연 변할 수 있을까? 13세기 아르메니아 작가 오러비안의 우화 "족제비와 쥐"는 인성의 불변성을 잘 설명해 주고 있다.

한 마리 족제비가 한 남자를 깊이 사랑하게 되어 사랑의 신에게 자신을 아름다운 소녀로 변하게 해 달라고 기도하였다. 사랑의 신은 족제비의 희망을 이루어지게 하여 족제비는 결국 자기가 사랑하는 그 남자와 결혼하게 되었다. 성대한 혼례식이 치러지고 있는 식장에서 갑자기 쥐 한 마리가 나타나자 이 족제비 신부는 잠시 자신의 신분을 망각하고 열심히 그 쥐를 쫓았다.

이 우화는 본성은 바꾸기가 매우 어렵다는 것을 설명하고 있다. 동물이나 사람이나 모두가 그렇다. 중국의 "백사전(白蛇傳)"과 이 우화는 비슷한 교훈을 전해 준다. 백사는 사람으로 변하지만 뱀의 본성은 변하지 않아서 웅황주(雄黃酒)라는 술을 마시면 뱀의 본색이 드러난다. 중국의 옛말에도 "강산은 쉽게 변하지만 본성은 바뀌기 힘들다."라는 말이 있다. 여기서 말하는 본성이란 개인의 성격이 아니라 인류 공통의 성질을 말하는 것이다. 우리들이 모두 인정하듯 인간의 본성은 이기적이다. 즉, 모든 인간 활동의 최종 목표가 개인 이익의 극대화에 있기 때문이다. 현대 생물학도 이것이 인간과 동물의 본성이라고 증명한 바 있다.

경제학은 이런 인성을 인정하는 기초 위에 이루어진 학문이다. 따라서 경제학의 기본전제는 이성인(理性人) 가설이다. 이성인이란 모든 행위의 목표가 개인 이익의 극대화에 맞추어져 있는 사람이다. 경제학은 바로 이 가설을 전제로 자원의 극대화 문제를 연구하는 학문이다. 사회적으로는 GDP와 사회복지의 극대화에, 개인적으로는 수입과 효율의 극대화에 초점이 맞추어져 있으며 경제학은 바로 이런 극대화에 대한 연구로 많은 결론을 얻어 냈다. 이 가설을 떠나서는 경제학의 전체 내용이 부정되어진다.

일부 경제학자들은 이 가설에 대하여 많은 비판을 한다. 어떤 사람들은 많은 사실을 들어 사람이 그리 이기적인 동물은 아니라고 주장한다. 이들은 몸을 던져 사람을 구하고, 국가 수호를 위하여 자신을 희생하고, 혹은 죽은 후에 재산을 사회에 환원하는 등의 여러 가지 사례를 예로 든다.

그렇다면 이런 현상이 이성인 가설과 모순되는 것인가? 그러나 이성인 가설은 남을 이롭게 한다는 이타주의(利他主義) 행위의 존재를 부정하지 않는다. 또 인성 중에 이기심 말고도 동정심, 동포에 대한 애정, 사회에 대한 관심 등 선한 면이 존재한다는 것도 부정하지 않는 동시에 또한 봉헌정신의 의의를 제창하는 것도 부정하지 않는다. 따라서 이기적 본성과 앞의 예들은 서로 모순되지 않는다. 이성인 가설은 정확할 뿐 아니라 필요한 것이다. 이성인의 가설이 정확하다 하더라도 그것이 모든 사람들과 모든 행위에 적용되는 것은 아니다. 이는 절대 다수의 사람과 절대 다수의 행위에 적용된다. 정상적인 상황에서 대다수의 사람들이 일을 하는 출발점은 개인의 이익에 있다. 이성인 가설이 필요한 이유는, 경제학이 통일된 이론체계로서 반드시 고정된 가설 전제를 가져야 하기 때문이다. 만약 사람이 이기적인 동시에 이타적이라고 가정한다면 경제학에서 어떤 결론을 얻을 수 있을까?

경제학의 출발점인 이성인 가정에서 오는 오해는 이기와 이타, 개인 이익과 사회 이익을 대립시키는 형이상학적 관점에서 출발한다. 경제학의 가장 위대한 발견은 바로 이기와 이타, 개인 이익과 사회 이익을 통일시킨 데 있는 것이다. 이성인 가정을 제창한 영국의 경제학자 아담 스미스는 경제학의 창조적 공헌이 바로 여기에 있다고 주장한다. 그는 인간의 이기성을 찬양한 것이 아니라 단지 인성을 바꿀 수 없다는 것을 인정했을 뿐이다. 즉, 족제비가 사람이 되었어도 쥐 잡는 것을 잊지 못하는 것과 같은 이치이다. 아담 스미스는 모든 사람의 개인 이익에 대한 추구가 사회 이익의 실현으로 연결될 수 있다고 생각한다. 케인즈도 "각 개인은 모두 자신이 가진 자본을 제일 유용하게 쓸 수 있는 방법을 위하여 부단히 노력한다. 비록 그가 고려한 것은 사회 이익이 아니고 자신의 이익이지만 자신의 이익을 위한 연구는 자연히 혹은 당연하고 필연적으로 사회에 가장 이익이 되는 길을 선택할 수 있도록 이끈다."고 말한 바 있다. 이 개인 이익에 대한 추구를 사회 이익에 대한 추구로 이끌어 주는 것이 바로 "보이지 않는 손" 즉 가격 체계이다. 모든 사람이 개인 이익을 위하여 가장 효율적으로 자기 자원을 이용하면 이때 모든 사회 전체 자원의 효율적인 이용이 실현되는 것이다. 개인의 이기심을 인정하고 이기심을 이타심으로 이끄는 것이 바로 시장경제의 위대한 힘이라고 할 수 있다.

중국 전통사회는 "하늘의 이치가 사람의 욕심을 벌한다."고 주장하면서 인성을 모든 악의 근원으로 여겨 자신을 이기고 예를 행하라는 극기복례를 강조하였다. 그럼에도 중국은 수천 년간 사회 전체가 정체 상태에 머물렀고 백성들의 생활도 대단히 궁핍했다. 위정자들은 통치 지위를 유지하기 위해 백성들의 인성을 강제로 소멸시켰지만, 자신들의 이기적인 인성은 짐승의 본성으로 변했다. 입으로만 인의도덕을 외치며 속으로는 범법을 일삼는 사람들, 그들이 제창한 것은 자신들은 전혀 실천할 생각이 없는 "가짜 도덕"이었다. 『십일담(十日談)』[8)]이라는 책이 바로 이 가짜 도덕, 즉 위선자의 더러운 입을 폭로한 책이다.

시장경제는 인성의 합리성을 인정하고 인간의 이기적 행위가 정당하다고 인정한다. 어떤 계몽운동도 인성의 인정에서부터 출발한다. 시장경제제도는 인간의 이기심과 이기적 행위를 사회 재화를 증대시키고 역사의 진보를 촉진하는 동력으로 변화시킨다. 시장경제는 거대한 사회 재화를 창조하고 휘황찬란한 정신문명도 창조한다. 바로 이런 기초 아래 인성은 승화하고 더욱더 많은 사람들이 다른 사람과 사회에 관심을 갖게 되는 것이다. 억만장자는 더 이상 수전노가 아니며 사회 공익사업의 찬조자가 된다. 물론 우리는 시장경제하에 해악도 있다는 것을 부정하지 않는다. 하지만 중국의 전통사회와 비교하면 어느 것이 더 좋을까?

갖고 태어난 인성은 변할 수 없다. 폭력을 사용하든 도덕적 설

8. 역자 주 : 이탈리아 최고 인문주의 작가의 하나인 보카치오의 역작인 『데카메론』의 중국어판 이름. 10일 동안에 전개되는 100가지 이야기와 10편의 발라드로 구성되어 있다고 해서 '십일담'이라는 이름을 붙였다. 1348년 당시 흑사병(페스트)이 피렌체를 휩쓸었던 역사적인 재난을 배경에 깔고 있으며, 사회 각계 각층의 인물들을 비유적으로 풍자하면서 당시의 시대상을 숨김 없이 파헤치고 있다.

교를 하든 우리는 단지 인성을 이용하고 이끌 수밖에 없다. 족제비가 쥐를 잡는 본성을 고칠 수 없는 것은 큰 일이 아니다. 외형적으로는 이미 미녀로 변한 사람이기 때문이다. 족제비와 결혼한 이 남자는 족제비의 본성을 이용하여 집안의 쥐를 박멸하고 나아가 이웃의 쥐를 잡게 하여 돈을 벌 수도 있다. 이것이 바로 인성에 부합하면서 자신의 수입을 늘리고 사회에도 좋은 일을 할 수 있는 것이 아니겠는가?

12. 욕망과 탐욕의 차이

예부터 많은 우화들이 끝없는 인간의 탐욕을 풍자하고 있다. 그리 유명하지 않은 우화를 하나 골라 살펴보자.

명나라 시대 예부(禮部)의 주사(主事)였던 유지경(劉之卿)은 유명인도 아니었으며 그가 쓴 『현돌편(賢奕編)』 또한 그리 명저는 아니다. 하지만 "술 담그는 왕 노파"라는 우화는 꽤 재미있다.

술을 담가 팔면서 생계를 이어가는 왕씨 성을 가진 한 노파가 있었다. 도사 하나가 그 노파 집에 자주 와서 자면서 돈도 안 내고 수백 병의 술을 마셨으나 노파는 개의치 않았다. 어느 날 도사는 내가 당신의 술을 많이 마시고 돈도 내지 않았으니 대신 우물 하나를 파 주겠다고 하였다. 그가 파 준 우물에서는 술이 솟아나왔고 노파는 당연히 많은 돈을 벌게 되었다. 그 후 어느 날 도사가 와서 노파에게 술이 괜찮으냐고 물었다. 그런데 왕 노파가 술은 좋은데, 돼지를 먹일 술찌끼가 없다고 대답하는 게 아닌가? 도사는 그 말을 듣고 나서 웃으면서 벽에 "하늘이 높지만 사람의 마음만큼 높지는 않구나. 우물물로 술을 만들어 팔았지만 술찌끼가 없다고 한다."라고 시를 한 수 적었다. 그 도사는 시를 쓴 후 가버렸고 그 후 우물에서는 술이 더 이상 나오지 않았다.

이 이야기는 푸시킨의 "금붕어와 어부" 이야기와 비슷하다. 하지만 나는 푸시킨이 저작권을 침해하였다고 생각하지는 않는다. 서로 다른 시대, 서로 다른 국가의 사람이 쓴 같은 내용의 이 우화는 이런 현상이 매우 보편적임을 설명해 준다.

경제학자들은 이기심이 인간의 본성이라는 것을 인정한다. 사람이 경제활동을 하는 목적은 개인 이익의 극대화를 실현하기 위해서라는 것이다. 이런 이기심은 인간의 욕망에서 비롯된다. 사람은 모두 욕망과 감정이 있다. 공자도 "먹는 것은 본성이다."라고 말한 바 있다. 이런 욕망을 만족시키려면 물질적 부와 정신적 부가 필요하다. 물질적 부, 즉 돈이 있어야 각종 욕망을 만족시키는 물건과 노동을 살 수 있다. 따라서 인간이 개인의 이익 극대화를 추구하고 많은 돈을 벌려는 것을 가지고 너무 비난할 필요는 없다. 사람의 욕망은 끝이 없으며, 한 욕망이 만족되면 새 욕망이 생기는 특징을 가지고 있다. 바로 이런 끝없는 욕망이 인류사회의 진보를 추진해 왔다. 이런 의미에서 욕망은 사회 진보의 동력이다. 만약 사람이 욕망이 없으면 만족의 추구도, 사회의 진보도 없는 것이다.

전통 중국의 윤리관은 욕망을 모든 죄악의 근원으로 간주하고 "하늘의 이치를 지키려면 사람의 욕망을 없애야 한다."고 주장한다. 이는 인간성에 대한 말살이다. 경제학자들은 욕망과 이기심을 역사를 진보시키는 긍정적인 힘으로 보았다. 특히 강조해야 할 것은 욕망과 이기심은 탐욕과는 다르다는 점이다. 『국부론』에서 아담 스미스는 욕망에서 생기는 이기심의 합리성을 긍정하였다. 하지만 그는 이기심과 탐욕을 엄격히 구분하였다. 그는 또 다른 명저 『도덕 감정론』에서 "도덕 감정"이라는 말에 인간의 사리사욕을 억제시키는 판단 능력이 있다고 주장하였다. 『도덕 감정론』이라는 책은 이기적인 사람이 어떻게 사회에서 자신의 사욕과 행위를 절제하고, 이기적인 사람이 구성하는 사회도 매우 도덕적인 사회라는 점을 설명한다. 이 두 책에서 아담 스미스는 명확하게 탐욕에 반대하면서 사람의 이기심을 인정하면서도 도덕적으로 탐욕이 억제되는 이상적 시장경제사회를 설명하였다.

욕망과 탐욕은 어떻게 다른가? 욕망은 사람의 정당한 요구이다. 사람이 욕망을 가지는 것과 욕망을 만족시키는 능력은 일직선상에 있다. 바꿔 말해서 욕망은 자신의 능력을 만족시키거나 정당한 노력을 통해 실현될 수 있는 것이다. 그러나 탐욕은 실현할 수 없는 욕망을 만족시키려는 시도이다. 위의 우화에서 보듯 우물에서 술이 나오고 술찌끼까지 나오는 것은 실현될 수 없는 것이다. 그래서 왕노파가 술과 술찌끼를 모두 얻으려는 것은 정당한 욕망이 아니고 일종의 탐욕이다. 현실 경제에서 한 능력 있는 사람이 차를 사려는 것은 정당한 욕망으로 자동차 산업의 발전과 경제의 번영을 촉진시킬 수 있다. 하지만 돈 한 푼 없는 사람이 곧장 자동차를 사려는 것은 탐욕에 해당한다. 현실에 맞지 않게 자신이 할 수 없는 일을 하려는 것은 욕망을 탐욕으로 바뀌게 한다.

언뜻 보면 욕망과 탐욕은 모두 무한한 것이지만 실제로 이들 간에는 본질적인 차이가 있다. 미국의 유명 심리학자 로스토우는 인간이 욕망에서 생기는 수요를 다섯 가지 단계로 나눈 바 있다. 정상적인 상황에서, 한 단계의 욕망이 만족되면 또 새로운 욕망이 생기며 최고 단계로의 자아실현이 끝없이 시도된다. 이는 사람의 정상적 욕망은 능력의 제고에 따라 생겨난다는 것을 말한다. 예를 들면, 당신의 수입이 기본적 생활 욕구를 만족시킨다면, 다음에는 곧 차를 한 대 사고 싶은 것 같은 새로운 욕망이 생긴다. 이것이 바로 정상적인 욕망의 갱신이다. 만약 밥도 제대로 먹지 못하면서 매일 차 살 생각만 한다면 이는 바로 탐욕이라고 할 수 있다.

이기심과 욕망과 탐욕을 구분하는 중요한 이유는 욕망은 사람을 열심히 일하게 하지만 탐욕은 사람으로 하여금 죄를 저지르게 하기 때문이다. 앞의 예에서도 보듯이 만일 어떤 사람이 자신의 기본 생활 욕구를 만족시킨 후에 차를 사려고 한다면 그 사람은 분명히 목표 실현을 위해 최대한의 노력을 기울여 자기가 속한 공동체에 어떤 실적을 남기거나 과외로 아르바이트를 하는 등 열심히 일할 것이다. 이는 사회 전체에 도움이 되는 일이다. 하지만 만약에 그 목표가 탐욕이라면 빨리 돈을 벌 생각만 한 나머지 범죄의 길로 들어설 가능성이 있다. 많은 사람들이 탐욕 때문에 돌이킬 수 없는 길을 갔다. 강도와 탐관오리들이 좋은 예이다. 욕망과 탐욕은 종이 한 장 차이지만 한 발만 잘못 내딛어도 돌이킬 수 없게 된다.

문제는 사람의 욕망이 쉽게 탐욕으로 변한다는 데 있다. 아담 스미스가 이 둘 사이의 구분을 여러 번 강조한 것은 바로 이 가능성을 보았기 때문이다. 부에 대한 그릇된 욕망이 일단 탐욕으로 변하면 이는 바로 자연에 대한 사회적 약탈이 된다. 이는 열심히 일하지 않고 삐뚤어진 생각만 하게 될 것이기 때문이다.

성실히 노력하는 동력인 욕망이 범죄의 근원인 탐욕으로 변하지 않게 방지하는 방법은 개인적으로는 자신의 도덕적 자율성을 높이는 것이다. 이 또한 선현들이 늘 우리에게 강조했던 내용이다. 하지만 단지 이런 권고만 가지고는 효용성이 떨어진다. 따라서 사회 제도적인 방지 장치가 필요하며 이것이 바로 법의 위엄성을 나타내는 것이다. 탐욕의 범죄자들에 대한 엄벌은 다른 사람들에게 경고를 하는 의미가 있다. 도사의 징벌로 그녀가 술도 얻지 못하게 된 것과 같다. 도사는 왕 노파의 탐욕을 벌했을 뿐 아니라 후세 사람들에게도 왕 노파의 모습을 배우지 말라고 경고하고 있는 것이다.

현실 속에는 정말 많은 왕 노파가 있다. 이 우화는 시장경제체제에서 살아가는 우리에게 많은 시사점을 준다.

13. 부자 과소비의 의미

중국의 옛사람들은 근검절약을 미덕으로 여기고 사치를 금기시하였다. 『한비자』[9]에 나오는 상(商)나라 주왕에 대한 비판도 이런 사상을 반영하고 있다.

9. 역자 주 : 중국 전국(戰國)시대 말기 법치주의(法治主義)를 주창한 한비(韓非 : 280?~BC 233)와 법가 일파가 저술한 55편 20책에 이르는 대저작. 유가(儒家)의 도덕주의나 묵가(墨家)의 겸애주의는 인간사회를 너무 좋게 관찰한 우연성에만 의존하는 공론(空論)에 불과하므로 법에 의한 통치가 가장 맞는 것이라는 내용을 역설하고 있다.

상나라 주왕은 상아로 만든 젓가락을 사용해 식사하는 것을 즐겼다. 이를 보고 그의 숙부 기자는 걱정을 하였다. 기자는 상아로 만든 젓가락을 사용하면 물소 뿔과 옥으로 만든 그릇을 사용하게 될 것이고, 보통 음식은 먹지 않을 것이며 산해진미를 즐길 것이고, 산해진미를 즐기게 되면 비단옷을 입게 되고 대저택에 살게 될 텐데, 이렇게 되면 사치가 극에 달하여 결국 망하게 될 것으로 생각했다. 훗날 주왕은 정말로 주지육림과 주색잡기에 빠져 상나라는 멸망하였다.

이 우화는 망국의 이치를 이야기해 준다. 주왕은 국가의 안위는 돌보지 않고 백성의 고혈을 짜서 자신을 위한 주지육림을 만들었으니 망하지 않을 수 없었다. 주왕은 후대 역사의 본보기가 되었다.

여기서 주왕의 과소비 측면을 한번 생각해 보자. 이는 만약 어떤 사람이 자신이 합법적으로 번 돈으로 과소비를 한다면 그것이 국가 경제에 유리할 것인가 아니면 유해할 것인가? 우리는 부자들의 과소비를 부추켜야 할 것인가? 아니면 그들의 과소비를 정책적으로 제한해야 할 것인가?라는 문제와 연결된다.

이 문제는 역사적으로 토론된 적이 있다. 청나라 건륭 33년에 지금으로 말하면 부패 사찰 기구격인 양회염정으로 임명된 우발세(尤撥世)는 소금 상인들의 사치가 심하니 황제께서 그들에게 근검절약을 명해 달라는 상소를 올렸다. 이에 건륭제는 상인들은 비록 사치스럽지만 수많은 사람들을 먹여 살리고 있으며 모두가 근검절약을 하면 사람들의 생활에 도움이 되지 않는다는 대답을 하였다. 건륭제는 부자 상인들의 과소비와 사치가, 많은 사람들에게 취업 기회를 증가시키니 그들에게 근검절약을 명할 필요가 없다고 생각한 것이다. 건륭제만 이런 생각을 갖고 있었던 것은 아니다. 명나라 말기의 육집도 "금사변(禁奢辯)"이라는 문장에서 비록 부자들이 무분별한 사치를 하고는 있지만 부자들의 소비를 고취시키면 다른 사람들에게 보다 많은 돈 버는 기회를 제공하게 됨을 주장하였다.

현대 경제학에서 이런 소비 장려 사상은 케인스에 의해 이론화되었다. 케인스의 이론에 따르면 경기는 장기적으로는 생산능력에 의해 좌우되지만 생산능력이 정해진 상황에서 단기적으로는 수요에 의해 결정된다. 경제위기의 원인은 유효수요의 부족에 있다. 수요는 소비자 수요와 투자 수요를 포함한다. 여기서 소비가 증가하고 수요가 증가하면 경제를 자극하여 취업이 증가된다는 결론을 얻을 수 있다.

케인스는 수요의 증가로 인한 GDP의 증가가 원수요의 증가보다 더 크다고 설명한다. 이를 승수효과라고 한다. 예를 들면 1억의 수요 증가가 있으면 결국 GDP의 증가는 1억보다 더 많아진다는 것이다. 이는 각종 상품이 상호 보완성이 있어서 국민경제 부문이 서로 연관되어 있기 때문이다. 만약에 부자가 별장을 1억 원에 사면 GDP는 1억이 증가한 것이다. 별장에 살려면 자동차가 있어야 하므로 5000만 원을 들여 자동차를 산다. 자동차에는 기름이 필요하고 보험도 들어야 하는 등 각종 경비가 5000만 원 들게 된다.

이것만도 벌써 2억 아닌가? 별장과 자동차는 직접적으로 철강재, 시멘트, 기계 등의 업계를 자극한다. 별장을 사는 데 든 1억 원에는 건축, 인테리어 등의 비용이 포함되어 있어 관련 업계를 자극하게 되어 이 업계의 수입 증가를 가져오며 이에 따라 전체적인 소비도 증가한다. 자동차와 관련 상품을 사는 데 드는 1억 원 역시 관련 업계의 수입과 소비를 증가시킨다. 이러한 단계별 자극으로 전체 경제의 GDP의 증가는 원래 별장을 샀던 1억 원을 훨씬 초과하게 되는 것이다. 이 과정을 통해 경제는 발전하고 주주, 고급 관리자 계층, 중등 관리자와 기술자, 저소득 노동자 모두가 이익을 얻게 되는 것이다.

물론 모든 소비의 기본적인 작용은 같다. 부자가 별장을 사고 가난한 사람이 음식을 사는 것도 같은 수요이다. 하지만 부자들은 왜 과소비를 하고 경제학자들은 왜 적절한 과소비를 강조하는가? 우리는 한 사회에서 소득의 차이가 있고 빈부 격차가 있다는 것을 인정하여야 한다. 특히 경제발전 초기단계에서 소득 차이는 더욱 심화된다. 소득은 구매능력을 결정하므로 부자가 강한 구매력을 가지는 것은 당연한 것이다. 특히 현대 중국에서 사치품으로 분류되는 별장, 자동차 등은 주로 부자들이 구매한다. 전체 사회의 소비지출 중 부자의 소비지출 비율은 그들이 인구에서 차지하는 비율보다 훨씬 높다. 부자의 소비는 소비와 총 수요증가 및 경제발전의 촉진에도 매우 중요한 것이다.

한 가지 더 지적해야 할 것은 부자는 물질적 수요가 만족된 후에 서비스와 문화 소비에 더 많은 지출을 한다는 점이다. 이 분야는 GDP에서 중요 부분을 차지하며(미국의 경우 GDP의 3/4을 차지), 노동 집약형이어서 취업기회도 더욱 증가시킨다.

부자의 과소비를 주창하는 것은 "일부 사람이 먼저 부자가 되어 모두가 부자가 되게 도와주자"라는 선부론[10)]의 한 과정이다. 시장경제의 조건 아래 함께 잘사는 길은 『수호전』서 말하는 "부자를 징벌해 빈곤을 구제"하는 것이 아니다. 이러한 방법은 결국 다 같이 빈곤해지는 길이라는 것이 역사에서 증명되었다. 부자를 죽여도 가난한 사람이 잘살게 되지는 않는다. 일부 사람이 먼저 부자가 되면, 그 부자들의 투자를 통하여 사회 생산능력이 증가되고, 부자들이 과소비를 하면 수요가 창조되고 이 과정 속에서 사회의 재산이 끊임없이 증가하고, 취업기회가 확대되며 더 많은 사람들이 가난에서 벗어나고 점차적으로 부를 축적하게 된다. 부자의 수입이 합법적이기만 하면 그들의 과소비는 가난한 사람을 포함한 사회 전체에 유리하게 작용한다. 이것은 상의 주왕이 국민의 고혈을 착취하여 낭비한 것과는 완전히 다른 개념이다.

이는 이해하기 어려운 이치는 아니지만 현실에서 부자들의 과소비를 제한하는 일은 자주 발생한다. 미국은 1990년 부자들이 소비하는 고급차, 여행선 등의 상품에 높은 세금을 물려서 이 세금 수입으로 빈곤층을 도우려 하였다. 그러나 부자들은 이런 상품들을

10. 중국 개혁개방을 이끈 떵샤오핑이 주창한 이론으로 먼저 부자가 될 수 있는 일부 사람들을 부자가 될 수 있도록 장려한 이론. 사회주의 중국 수립 이후 수십 년을 이끌어 온 평균주의를 타파했다는 점에서 큰 의미가 있다.

구매하지 않았기 때문에 오히려 이들을 생산하는 노동자들이 실업자가 되었다. 결과적으로 이런 빈곤구제 정책은 실제로는 오히려 가난한 사람들에게 해가 된 것이다. 이런 일은 중국에서도 자주 일어나고 있다.

상나라 주왕은 폭군이라는 것은 부정할 수 없지만 그의 과소비는 우리에게 교훈을 주었다. 나쁜 사람이 나쁜 일을 해서 우리에게 남긴 유익한 결과이다.

14. 신용은 금

동서고금을 막론하고 성실과 신용을 찬미하고 사기꾼을 책망하는 우화는 수없이 많다. 『전국책』[11]에 나오는 한 이야기를 살펴보자.

11. 중국 전국시대에 통일을 꿈꾸는 진나라에 대항하여 나머지 6개 나라가 합종연횡하자는 종횡가(縱橫家)의 방책을 기술한 전략서.

위나라 문후는 당시 산림과 사냥을 관장하는 한 관리와 사냥 나갈 날을 약속하였다. 약속한 날, 비가 오고 있었고 신하들과 술을 마시며 놀고 있던 문후가 약속에 맞추어 일어나려 하자 주변 사람들은 이해 못한다는 듯이 물었다. "지금 즐겁게 술을 마시고 있고 밖에 비도 오는데 대왕께서는 어디를 가시려 합니까?" 문후는 "나는 산림과 사냥을 관장하는 관리와 사냥을 간다고 약속했다. 지금 즐겁게 마시고 있지만 약속 시간에 늦을 수는 없는 것 아니냐!"는 말을 남기고 약속 장소로 떠났다. 그는 비가 내리는데도 불구하고 완전히 지칠 때까지 사냥한 후에야 돌아왔다. 이렇게 신용을 중시한 문후는 모두의 신임을 얻게 되었고 위나라는 점점 강대해졌다.

중국은 옛부터 "사람은 신용 없이 존재할 수 없다."는 말이 있듯이 신용을 매우 중시하는 나라였다. 진나라 상인이 500여 년 동안 성공할 수 있었던 것은 "성실과 신용", 이 두 단어 때문이다. 진상은 의화단 사건으로 운송을 맡은 북경 화물이 모두 훼손되고, 화물 재고는 물론이고 장부조차 없어졌지만 물건과 영수증을 일일이 대조, 큰 피해를 감수하면서 모두 보상하였다. 이러한 신용 중시 전통에도 불구하고 사회주의 극좌노선 아래서 중국인의 신용은 심하게 파괴되었다. 거짓말을 하고, 큰소리를 치고, 업적을 부풀려 보고하면 승진이 되니 누가 이렇게 하지 않겠는가? 펑더화이(彭德懷) 같이 옳은 말을 하면 돌아올 수 없는 길로 가버린다고 하니 누가 성실과 신용을 지키겠는가? 만약 남을 무고하는 것이 부귀영화를 누리는 길이라면 누가 누구를 믿을 수 있겠는가? 특히 문화혁명 시기에는 거짓을 말하는 분위기가 심해져 정말로 참과 거짓을 구분할 수 없을 지경에 이르게 되었다. 시장경제체제가 시행되는 오늘날에도 탐욕이 넘치는 관리들은 거짓 보고를 하고, 상인들은 가짜 상품을 만들고 학교는 가짜 졸업장을 파는 등 신용 문제가 더욱 심각해지고 있다. 이제는 신용을 회복하고 사람과 사람 사이의 신뢰를 세우는 것이 시장경제 성공 여부의 관건이 되었다. 시장경제는 결국 신용을 기초로 한 것이다. 신용을 기초로 나라를 다스린 위나라 문후를 본받아야 한다.

시장경제는 교환경제이다. 교환의 기초는 상호신뢰에 있다. 만약 가짜 상품이 횡행하고 교환의 매개인 화폐도 가짜라면 누가 감히 교환을 하려 하겠는가? 교환이 없으면 분업도 없어진다. 이렇게 되면 다시 자급자족의 사회로 퇴보하게 되는 것이다. 시장경제는 화폐경제이고 화폐는 자원유동의 매개체이다. 은행의 신용대출과 신용은 영어에서 원래 한 단어(credit)이다. 신용이 없으면 사회의 자금이 효율적으로 유동할 수 없다. 아마 어떤 사람들은 이런 것은 나와는 무관하고 나는 돈만 벌면 된다고 생각할 것이다. 하지만 신용 없이 정말 돈을 벌 수 있을까? 상상을 해보자. 만약 위 문후가 약속을 이행하지 않았다면 백성들이 과연 그를 믿었을 것인가? 백성들의 신임 없이 그가 어찌 강국을 만들 수 있었겠는가?

어떤 사람은 속일 수 있는 데까지 속일 수 있기 때문에 10여 억 인구의 중국인을 한 번 씩만 속일 수도 있다고 생각한다. 하지만 우리는 양치기 소년의 이야기를 기억해야 한다. 또 주나라의 유왕이 봉화로 제후들을 속였던 이야기를 기억해야 한다. 서양의 명언 중에 당신은 영원히 소수를 속일 수 있고 또 잠시 모든 사람을 속일 수 있지만 모든 사람을 영원히 속일 수는 없다는 말이 있다. 신용을 지키지 않으면 결국 손해를 보는 것은 자신이다. 산시성에서 가짜 술이 나오자 이제는 산시성에서 만드는 모든 술이 시장에서 냉대를 받는다.

이것이 그리 심오한 이치도 아닌데 왜 현실에서는 잘 실현되지 않을까? 이를 위해서는 신용의 기초부터 다시 연구하고 살펴보아야 한다.

신용은 일종의 경제행위로 원가에 따른 기대수익의 분석틀이 필요하다. 만약 신용을 중시하는 수익이 원가보다 더 크다고 하면 신용만 지키면 이윤이 극대화되므로 사람들은 모두 신용을 지킬 것이다. 만약 신용을 지키지 않는 이익이 원가보다 훨씬 더 크면 배신이 바로 이윤의 극대화를 실현하는 것이 되므로 사람들은 신용을 지키지 않을 것이다. 중국에서 사회주의 극좌노선 시기에는 신용을 지키지 않는 것이 비용도 들지 않으면서 큰 이익이 생겼기 때문에 신용은 지킬 필요가 없는 것이었다. 신용의 이익을 원가보다 더 크게 보장하는 것이 바로 제도이다.

위 문후의 예를 살펴보자. 위나라는 그의 사유재산으로 대대로 물려줄 수 있다. 위나라가 흥성하면 자신의 부귀영화는 물론이고 자손들도 복을 누리게 된다. 만약 위나라가 쇠망하면 문후 자신도 마땅히 죽을 자리가 없게 된다. 재산권이 분명한 상황에서 권력,

책임, 이익이 모두 문후 자신에게 집중되어 있었다. 그는 자신이 신용을 지켜야만 나라가 흥하고 자신이 신용을 잃으면 나라가 망한다는 것을 잘 알고 있었다. 이것이 바로 그가 신용을 지켜서 얻는 이익이 원가보다 크다는 것을 말한다. 그래서 그는 비가 아니라 우박이 내려도 약속을 지키려 한 것이다. 이 예는 재산권은 신용을 기초로 하며 명확한 재산권의 보장은 신용제도의 전제조건이라는 것을 설명해 준다. 현실 속에서 성의 국유기업이나 지방정부보다 성공한 민영기업이 신용을 잘 지키는 것은 재산권이 명확하기 때문이다. 사유제가 공유제보다 더 신용을 중시하는 이유도 바로 여기에 있다. 경제행위로서의 신용이 말하는 원가에 따른 기대수익의 계산은 길게 봐야 한다. 명확한 재산권은 여기서 파생하는 재산권 수익의 장기적 이익이 원가보다 크다는 것을 보장해 준다. 물론 단기적으로는 신용을 지키지 않는 이익이 원가보다 클 수도 있다. 그래서 장기적 비전 없이 하루하루를 사는 몇몇 개체호, 혹은 국유기업, 정부기관은 장기적인 이익 보장이 없어서 신용을 지키는 데 둔감하다. 하지만 이들이 신용을 무시하고 단기적으로 얻은 이익은 사실 다른 사람이 장기적으로 부담하는 사회적 비용이 된다. 명확한 재산권의 규정은 그래서 장기적 이익과 원가를 같은 주체가 부담하게 한다.

신용을 지킨 이익을 원가보다 크게 하는 제도적 방법이 징벌이다. 엄격한 징벌은 신용을 지키지 않는 비용을 더 크게 하거나 신용을 지킨 이익을 증가시킨다. 따라서 신용을 지키지 않는 것에 대한 엄격한 법을 만들어야 신용사회를 이룩할 수 있다. 오늘날 선진국이 된 많은 국가들도 시장경제 초기에는 사기와 배신이 횡행했고 부채가 범람하고 가짜 상품이 난무하여 경제발전을 가로막았었다. 하지만 채무자를 감옥에 보내고 가짜 상품 제조업자를 엄벌하고, 신용을 지키지 않는 비용이 부정한 방법으로 얻은 수익보다 크게 벌금을 부과하여 오히려 수익이 마이너스가 되게 하였다. 옛날 위나라의 문후는 한 나라의 임금으로 그의 행위는 국내법 같은 것이다. 만일 위 문후가 신용을 지키지 않았다면 그는 외적의 침략을 받아 국가가 망하는 것 같은 징벌을 받았을 것이다.

재산권을 명확히 하여 이익을 보호하고 법을 세워 배신의 비용을 증가시키는 것이 신용의 출발점이다. 위 문후가 천성적으로 신용을 잘 지킨 것이 아니다. 신용을 지킨 이익이 확연하고 배신의 대가가 너무 클 때 그가 과연 신용을 지키지 않을 수 있겠는가? 이런 제도를 오늘날에 접목시켜 보면 현대인들은 위 문후로부터 많은 배움을 얻을 수 있을 것이다.

15. 닭의 뱃속에는 있을 수 없는 달걀

닭을 죽여서 달걀을 꺼내려는
바보 같은 행위도 따져보면 이유는 있을 것이다.
하지만 현실에서는 닭을 죽여도
달걀을 꺼내지 못하는 경우가 종종 있다.

중국 고사성어에 "닭을 죽여 달걀을 꺼내다"라는 이솝우화에서 유래한 말이 있다.

황금달걀을 낳는 암탉을 가지고 있는 사람이 있었다. 그 사람은 닭의 뱃속에 금덩이가 있는 줄 알고 닭을 죽였지만 이 닭은 다른 닭과 똑같았을 뿐이었다. 그는 일확천금을 노렸지만 오히려 작은 이익마저 얻지 못하게 되었다.

이솝은 이 우화에서 사람은 스스로 만족할 때 제일 즐겁고 탐욕을 가지면 즐거움이 사라진다는 교훈을 말하고 있다. 중국성어대사전 해석은 "눈앞의 작은 이익을 탐하다가 더 큰 근본적 이익을 잃는 것을 비유하는 말"이라고 적고 있다. 나는 중국의 해석이 더 적절하다고 생각한다.

누구나 닭을 죽여서 달걀을 얻는 것이 바보 같은 행위라는 것을 알고 있다. 하지만 실제로는 이런 행위를 하는 사람들이 적지 않다. 작년 여름 동북지역의 한 친구가 조세부담이 너무 크고 각종 준조세 성격의 비용이 너무 많아 민영기업이 발전하기 어려워 많은 기업이 도산하거나 타지로 옮긴다는 넋두리를 하였다. 결국 동북지역의 많은 민영기업이 발전하지 못하고 경제는 낙후되었다. 그곳의 공무원인 필자의 친구도 현(縣)정부 재정이 너무 어려워 민영기업에게 손을 벌리지 않으면 발전은커녕 현정부의 임금도 주기 힘들다는 하소연을 하였다. 결국 지방정부들이 미약한 재정을 해결하기 위해 민영기업에 돈을 요구하고 돈을 더 요구할수록 기업발전이 힘들고 재정은 더욱 악화되는 악순환이 계속되고 있는 것이다. 따라서 닭을 죽여서 이 악순환을 타파하려는 것은 불가능하다.

왜냐하면 닭을 죽여도 달걀이 없기 때문이다.

정부가 닭을 죽이는 방법 중 하나가 조세 징수이다. 다양한 정부의 역할 가운데 조세 징수는 가장 중요한 역할의 하나이다. 하지만 일정한 조세수입 목표를 달성하기 위해 세율을 높이거나 낮추는 문제는 항상 논쟁의 대상이다. 1980년대 미국의 공급학파는 이에 대한 답안을 제시하였다. 이 학파는 세율이 너무 높으면 세수의 증가를 보장하지 못한다는 논지를 폈다. 왜냐하면 세율이 높으면 적극적인 투자와 노동이 이루어지지 않고 세금의 기반인 국민소득이 감소하게 되어 결국 세수가 적어지기 때문이다. 반대로 낮은 세율은 투자와 노동을 자극하게 되어 국민소득이 증가하고 이에 따라 자연히 세수도 증가하게 된다고 주장한다. 그들은 래퍼곡선[12)]을 사용하여 세율과 세수의 관계를 증명하고 세율이 위험수준에 달하면 실제 세수도 닭을 죽여서 달걀을 꺼내는 것같이 줄어든다고 설명하였다. 공급학파의 여러 가지 관점들은 이미 많이 잊혀졌지만 이러한 사고와 래퍼곡선은 지금도 자주 인용되며 경제학 교과서에도 항상 소개되고 있다.

중국은 현재 세제개혁을 진행 중이고 이 개혁의 목표는 기업의 부담을 경감시켜 알을 낳게 하는 데 있다. 사실 현행 세제가 바뀌지 않아도 달걀을 낳을 수 있다. 투자에 대하여 세금부담을 경감시키면 된다. 즉, 기업이 투자한 부분에 대하여 세금부담을 경감시키

12. 역자 주 : 미국의 경제학자 래퍼가 제시한 세율과 세수의 관계를 나타내는 곡선. 세율이 영(零)일 때에는 세수도 영이 되나 세율이 100%일 때에는 누구라도 소득을 얻기 위한 활동을 거부하기 때문에 세수도 영이 된다는 이론. 그러나 실증적(實證的) 연구의 결과가 아니라 그와 같은 사고(思考)도 가능하다는 견해를 나타낸 것에 불과하다고 한다.

는 것이다. 예를 들어 기업에 1억 원의 이윤이 있는데, 그중 5000만 원을 재투자하면 남은 5000만 원의 이윤에 대하여만 세금을 부과하는 것이다. 기업이 이윤의 일부를 재투자하는 것이 닭을 키워 황금알을 더 많이 낳게 하는 것이다. 많은 나라가 이런 방법으로 경제를 성장시켰고 그 효과는 정부지출을 확대해 경제를 자극하는 것보다 더 효율적일 수 있다. 왜냐하면 기업은 투자자금을 더 효율적으로 이용할 줄 알기 때문이다.

상대적으로 닭을 죽이는 제일 효율적인 방법은 마구잡이로 각종 준조세 비용을 걷는 것이다. 세수는 법적 근거가 있고 기업이 어느 정도 예측할 수 있어 비용 속에 포함시킬 수 있다. 하지만 준조세 비용은 너무 임의적인 것이어서 도저히 예측이 불가능한 "날아다니는 칼"이다. 언제 어디서 어떻게 칼이 날아와서 닭의 머리를 벨지 모른다. 어떤 지역에서는 기업이 낸 각종 비용이 정상적인 세수보다 더 많기도 한다. 이는 기업의 부담을 더욱 가중시키는 일이다. 각 부처마다 찾아와서 이런 칼을 휘두르고 가면 어느 기업도 견뎌낼 수 없다. 기업들은 정상적인 세금은 인정하지만 마구잡이 준조세 비용 징수는 도저히 참기 힘들다고 말한다. 기업들이 낸 이런저런 준조세 비용의 내용을 보면 그 방법과 명목이 형형색색으로 정말 놀랄 만한 것들이었다. 어떤 기업은 준조세 비용을 너무 많이 내서 정상적인 경영을 유지하기가 힘들다고 하니 이 알을 낳는 닭이 어찌 살 수 있겠는가?

지방정부가 준조세를 많이 걷는 이유는 재정이 어려워서이다.

물론 재정이 어렵다는 이유로 준조세를 많이 걷는 것은 일종의 변명이다. 더욱 심각한 문제는 각 부처마다 부처 이기주의로 마구잡이식 준조세를 부과해 닭을 죽이지만 달걀은 자기들이 챙기려 한다는 데 있다. 예를 들면, 고속도로에서 과적은 이미 일반적인 현상이 되었다. 운전사는 돈을 더 벌 수 있기 때문에 안전은 신경 쓰지 않고 과적을 일삼는다. 하지만 이런 과적이 통용되는 또 하나 간과할 수 없는 원인은 도로관리 부처가 준조세에 해당하는 비용을 마구 걷기 때문이다. 어떤 때는 화물을 한 차례 싣고 가는 것보다 준조세 성격의 부담금이 더 크니 과적을 할 수 밖에 없는 것이다. 결국 무분별한 준조세 부담을 없애지 않으면 과적문제는 해결하기 어렵다. 허난(河南)성에서는 만두에 준조세를 부과하기도 하였고 산시(山西)성에서는 학교의 담을 만드는 세금을 걷기도 하였다. 다른 곳에서도 아주 다양하고 교묘한 명목의 준조세를 수없이 걷고 있다. 기업이라는 닭의 정상적인 생존조차 어려운 상황에서 무슨 달걀을 바랄 수 있겠는가?

이런 닭을 죽여 달걀을 꺼내는 행위를 제지하려고 닭을 죽이려는 사람들에게 "닭을 죽여도 달걀을 얻을 수 없다."는 말만 해서는 안 되며 닭을 죽이지 못하게 강하게 저지해야 한다. 우선, 그들이 달걀을 낭비하지 않게 하여야 한다. 그 달걀들을 전시행정, 맹목적인 투자 등에 쓰이게 해서는 안 된다. 그렇지 않으면 닭을 죽이려는 충동을 억지시키지 못하게 된다. 다음으로는 그들이 닭을 죽일 수 있는 권력을 없애고 그들의 칼을 빼앗아야 한다. 세제개혁의 중요한 내용은 정부의 수입을 모두 세수에 의존하게 하고 각종 명목의 준조세를 폐지하는 것이다. 법에 의한 세금 징수와 준조세 폐지를 규정하면 준조세를 걷는 사람들의 손에서 칼을 뺏을 수 있다. 마지막으로는 감독을 강화하여 무분별한 준조세를 걷는 사람들에 대한 엄벌을 행하는 것이다. 이런 것들이 모두 제도적 개혁이 필요한 부분이다.

이솝우화에 나오는 닭을 죽인 사람은 개인의 탐욕 때문에 자신을 위해 황금달걀을 낳는 닭을 죽였고 그 결과 자신만 손해 보게 되었다. 하지만 오늘날 중국서 닭을 죽이는 것은 사회 전체를 위해 황금달걀을 낳는 닭을 죽이는 것이다. 기업이 발전할 수 없으면 중국의 경제는 발전할 수 없으며 국민의 생활수준도 향상될 수 없다. 장기적이고 전체적인 안목에서 닭을 죽이면 달걀은 없는 것이다. 종국적으로 닭을 죽인 사람을 포함한 모든 사람이 피해를 입게 된다. 그래서 닭을 죽이는 사람을 제지하지 않는 것은 국민에 대한 범죄이다.

16. 조사모삼도 개혁

개혁은 신비스런 것이 아니다.
만약 조삼모사가 관례라면,
그렇다면 조사모삼으로 이렇게 간단히 바꿀 수 있다.

"조사모삼(朝四暮三)"과 병용되는 "조삼모사(朝三暮四)"는 같은 뜻으로 『장자(莊子)』에서 나온 말이다.

원숭이 주인이 원숭이들에게 밤을 주면서 아침에 세 되 저녁에 네 되를 주겠다 말했더니 모든 원숭이들이 화를 냈다는 데서 시작된다. 그래서 주인이 그럼 아침에 네 되 저녁에 세 되를 주겠다고 했더니 모든 원숭이들이 기뻐했다는 이야기다.

너무 잘 알려진 이 이야기는 원래 『열자(列子)』에서 나온 것이다. 장자의 인용 이후 유명한 성어가 되었다. 원래의 뜻은 어리석게 속이는 수법을 가리키는 것이었는데 나중에는 반복적으로 자주 변하는 현상을 비유하는 말로 쓰이게 되었다.

현대 중국어에서 '조삼모사'는 사람의 애정이 한결같지 않거나 혹은 일에 대해 금방 변하는 것을 비유하는 것같이 나쁜 의미로 쓰인다. 그러나 장자가 이 고사를 사용할 때는 결코 이런 나쁜 뜻이 없었다. 그가 이 우화에서 얻은 결론은 명분과 실제는 모두 바뀌지 않았는데 원숭이의 기쁨과 슬픔이 이로 인해 바뀌었고, 이는 바로 원숭이의 마음에 따라 움직인 것뿐이라는 것이다. 그래서 성인은 시비의 쟁론에 얽매이지 않고 사리의 자연균형을 유지한다. 이것이 바로 "양행(兩行)"이다. "양행(兩行)"은 두 쪽을 모두 행할 수 있다는 뜻으로, 두 쪽을 모두 살필 수 있다는 의미이다. 청대 학자 왕시앤치앤(王先謙)의 말을 빌리자면 '양행(兩行)'이란 바로 사물과 내가 각각의 자리를 갖는 것이다.

경제학적 측면에서 조삼모사가 일반적 상황이라면 '조사모삼'은 바로 개혁이다. 원숭이들이 조삼모사를 싫어하자 조사모삼으로 바꾸니 원숭이들이 기뻐했다. 설사 전체적인 양은 실질적으로 변화가 없으니 이런 형식의 변동이 바로 개혁이다. 예를 들어 같은 원료로 바비 인형을 만들 수도 있고 양배추 인형을 만들 수도 있는 것이 바로 개혁이다. 그 실체는 변하지 않았지만 형식의 변화를 통해 새로운 상업적 기회를 창조해 냈기 때문이다.

개혁이라는 이 개념은 20세기 저명한 미국 경제학자 슘페터가 제기한 것으로 원래의 뜻은 "생산요소의 새로운 조합"이란 뜻을 담고 있다. 새로운 제품으로 새로운 시장을 개척하거나 동일 요소로 새로운 출처를 개발하고 신기술을 이용하거나 새로운 조직형식 등을 사용하는 것 모두가 개혁이다. 슘페터는 개혁이야말로 사회진보를 추진하는 원동력이라고 강조하였다. 그러나 많은 사람들은 오히려 개혁을 중대한 기술혁신으로 이해하는 것에 익숙해 있다. 예를 들면 역사상 산업혁명 속의 기술혁신 혹은 현대의 컴퓨터 혁명 등이 그것이다. 이런 역사 발전에 영향을 줬던 기술혁신은 당연히 개혁이지만 개혁은 결코 그것에 국한된 것은 아니다. 바비 인형을 만드는 재료로 양배추 인형을 만드는 것같이 그저 제품의 형식 혹은 기타 세부적인 기술을 바꾸는 것도 개혁이다. 바로 이런 의미에서 '조삼모사'를 '조사모삼'으로 바꾸는 것도 하나의 개혁이라고 할 수 있는 것이다.

현대 경제에서 중대한 기술혁신을 일궈낸 기업들은 성공하게 된다. 모든 기업이 이런 능력과 운이 있는 것은 아니지만 많은 기업들이 단순히 제품의 형식 혹은 기타 덜 중요한 세부적 부분에 대해 약간의 변화를 주더라도 소비자의 환영을 받을 수 있고 새로운 상업의 기회도 가질 수 있게 된다. 인형을 예로 들면 아마도 사람들은 예쁜 바비 인형에 길들여져 있어 평소에는 그것이 이쁜 줄도 모를 것이다. 사실 예쁜 것도 아름다움의 하나지만 못 생긴 것도 하나의 미이다. 아름다운 배우와 못 생긴 배우 모두 좋아하는 관중이 따로 있고 모두 시장가치가 있다. 귀공자 타입의 왕자가 너무 많으면 우락부락한 사람이 환영을 받는다. 같은 원료로 못생긴 양배추 인형을 만들어 많은 소비자의 환영을 받는다면 이것도 새로운 상업기회를 창출한 것이다. 이는 결코 별다른 기술적 혁신은 아니지만 확실히 개혁이라고는 할 수 있다. 결과적으로 소비자의 욕구를 만족시켜 주고 기업의 이윤을 증대시키기 때문에 사회적으로도 가치가 있는 것이다.

경제학자들은 제품의 이러한 형식적 변화 혹은 세부적인 방법의 변환 등을 제품 차별화의 창조 혹은 제품 차별화 경쟁전략이라고 부른다. 제품의 차별은 바로 제품의 형식, 포장, 품질, 상표, 서비스 등 이런 세부적인 사항의 차이를 가리킨다. 이런 제품차별을 창조하는 활동이 바로 기업의 개혁이다. 이런 개혁은 다른 소비자의 욕구를 만족시키고 소비자의 더 많은 만족욕구를 증대시켜 기업에게 새로운 시장수요를 창출해 낸다. 예를 들어 색이 아름답고 모양이 독특한 산악자전거는 많은 젊은 층의 환영을 받을 것이다. 튼튼하고 오래 쓰고 소박하면서 시원스런 일반 자전거는 중 · 노년층에게 환영받는다. 자전거를 다른 형태로 제작하는 것은 소비자와 기업이 모두 윈-윈하는 것이기도 하다.

시장에서 개개의 특색 있는 제품은 일부 소비자를 독점한다. 유명 브랜드, 고품질의 자전거는 고소득 계층을 독점할 수 있고, 모양이 독특한 자전거는 유행을 따르는 젊은이들을 독점할 수 있다. 튼튼하고 내수성이 뛰어난 자전거는 중 · 저소득자를 독점할 수 있는 것이 좋은 예이다. 따라서 일부 경제학자들은 제품의 차별성이 독점을 초래하고, 제품의 차이가 클수록 독점의 정도가 더욱더 높아진다고 주장한다. 이는 대기업은 규모의 경제를 통한 생산량 증대로 자신의 독점을 실현할 수 있다는 것을 뜻한다. 상대적으로 소기업은 생산량을 믿고 시장을 통제해 독점을 실현할 수 없지만 제품 차별화를 통해 일부 소비자를 독점하는 시장을 형성할 수 있다. 이 일부분의 소비자에 해당하는 목표 고객만 있다면 이런 기업들도 같이 성공할 수 있다. 영국 런던의 로브(LOBB) 제화의 규모는 그다지 크지 않지만 이곳은 고소득 계층을 위해 정성스럽게 가죽구두를 제공하는 백년 이상 된 유명 점포가 되었다.

'조삼모사'를 '조사모삼'으로 바꾸는 데 대해 치러야 할 대가는 거의 없으나 원숭이의 기쁨을 얻었다. 같은 이치로 제품의 차별 속에서 창조를 진행하는 것은 큰 자금의 투입이나 혹은 큰 위험을 안을 필요가 없이 단지 소비자의 소비 유행 및 변화를 관찰하여 원래 있던 상품에 약간의 변화만 주어도 된다는 뜻이다. 매년 시장에 나오는 많은 새로운 유행품은 바로 이런 개혁적 창조에 속한다. 이런 창조는 또 얼마나 많은 시장을 창조하는가!

일부 기업은 늘 제품의 판로 때문에 고심한다. 사실 소비자의 수요는 무한하다. 소비자의 수요가 없는 것이 아니라 해당 제품이 10년 내 한 가지로 일관하면서 부단히 변화하는 소비자의 수요를 만족시키지 못했기 때문에 고심하는 것이다. 원숭이 주인이 어떻게 '조삼모사'를 '조사모삼'으로 변화시켰는지를 생각해 본다면 성공의 지름길을 알게 될 것이다.

17. 광고는 소금

좋은 요리사도 한줌의 소금이요,
나쁜 요리사도 한줌의 소금이라는 말이 있다.
좋고 나쁜 요리사의 기준이
소금을 어떻게 사용하느냐에 달려 있다는 말이다.
제품 판매의 성공과 실패도 광고에 달려 있다.
이런 의미에서 광고는 소금이다.

필자가 광고를 소금에 비유한 것은 『백유경(百喻經)』[13]에 나오는 "바보의 소금 먹기"라는 우화에서 힌트를 얻어서이다. 얘기는 이렇다.

13. 『백유경』은 고대 인도 법사인 상가세나가 편찬한 불경으로, 일찌기 남조 제나라 때 중국 승려 수나부리디에 의해 중국어로 번역되었다. 이 책은 약 100여 개의 우화로 불교의 교리를 서술하고 있는데 많은 인생의 철학이 담겨 있어, 오늘날도 여전히 시사해 주는 바가 크다.

어떤 바보가 다른 사람 집에 손님으로 갔다. 그 바보가 음식 맛이 없다고 투덜대자 주인이 그에게 소금을 조금 넣어 주었다. 음식에 소금을 넣었더니 맛이 조금 좋아졌다. 바보는 생각했다. '음식 맛이 좋은 것은 소금을 넣었기 때문일 거야. 소금을 약간만 넣어도 이렇게 맛있는데 만약 더 많은 소금을 넣으면 더 맛있어질 거야.' 집으로 돌아온 바보는 한 줌 한 줌 소금을 입에 넣었다. 당연히 쓰고 짤 수밖에 없었다.

여기서 광고를 소금에 비유하여 이야기를 만들어 보면 다음과 같다. 한 기업의 제품이 잘 팔리지 않자 어떤 사람이 이 제품을 위한 광고를 찍었다. 그 광고를 찍은 후 이 제품에 새로운 판로가 생기자 그는 약간의 광고를 했을 뿐인데도 이렇게 효과가 좋으니 광고를 더 많이 하면 더 큰 효과가 있을 것이라고 생각했다. 그래서 그는 중앙 방송국에서 광고대왕이란 호칭을 얻었다. 그러나 기업은 과도한 광고비 지출로 도산했다. 이는 바로 진지주(秦池酒)라는 제품에 대한 얘기이다.

광고의 제품 판매에 대한 역할은 음식 맛에 대한 소금의 역할과 같다. '광고'란 단어는 고대 희랍어로 "크게 소리친다"는 뜻이다. 필자는 이 뜻이 매우 적절하다고 생각한다. 현대 경제에서 "크게 소리치지" 않으면 아는 사람이 없게 된다. 그러나 많이 외치면 사람을 귀찮게 할 수도 있다. 하물며 자원을 모두 "크게 소리치는 것"에 쓰고, 실제 사업에는 쓰지 않으면 제품은 특색도 없고 질도 떨어지게 되니 누가 사겠는가? 경제학에서는 필요한 광고지출 탄성치로 광고지출비가 판매 증가에 기여한 역할을 설명한다. 이 탄성치는 수요량, 즉 판매량 변동률을 광고지출 변동 백분율로 나누어 계산해 낸다. 예를 들면, 어떤 제품의 광고지출이 10% 증가했는데 수요량은 15% 증가했다고 가정하면, 필요한 광고지출 탄성치는 1.5가 된다. 정상적인 상황에서는 광고지출이 증가하면 수요량도 증가하고 필요한 광고지출의 탄성치가 플러스로 나타난다. 이것이 바로 '소금을 더한 요리의 맛이 좋아지는' 광고의 유효작용이다. 그러나 만약 광고지출이 과도하게 증가하면 소비자의 반감을 야기해 수요량은 오히려 감소하고 필요한 광고지출 탄성치도 마이너스가 된다. 이것이 바로 '소금을 너무 많이 뿌린 요리는 먹을 수가 없게 되는' 광고의 부작용이다.

소금은 음식의 맛을 좋게 하는 조미료일 따름이지 음식 자체는 아니다. 만약 이미 무른 배추 잎이나 썩은 생선, 썩은 새우로 요리를 하면 소금을 아무리 적당히 넣었더라도 소용이 없다. 같은 이치로 광고는 기본적으로 제품의 특색과 품질을 바탕으로 한다. 제품 자체가 좋지 않으면 광고를 아무리 많이 찍고 좋게 찍어도 소용이 없다. 진지주가 중앙 방송국의 광고대왕이었던 시절, 이 제품은 굉장히 잘 팔렸다. 이 회사 회장은 중앙방송국에 중·소형차였던 산타나를 몰고 들어갔지만 나올 때는 대형 아우디로 바뀌어 있을 것이라고 호언했다. 그러나 진지주는 각지에서 사들인 포장되지 않은 술, 심지어 가짜 술까지 바꿔치기하여 질 나쁜 술을 판매해 도처에서 원성을 사게 되었다. 광고를 아무리 많이 해도 이미 그 목숨을 살릴 수 없었다. 산타나를 몰고 들어가긴 했지만 아우디는커녕 나온 것은 아무것도 없었다. 진지주는 이렇게 무너졌다. 그런데 많은 기업들이 진지의 전철을 밟고 있어 문제다.

기업들은 광고와 제품의 관계를 혼동하는 착오를 자주 범한다. 음식의 성패는 음식 자체가 관건이듯 제품판매의 성패는 제품의 질에 달려 있다. 유명 브랜드 기업이 성공할 수 있었던 것은 광고에 의존해서가 아니라 제품 그 자체에 경쟁력이 있기 때문이다. 독특하고 질 좋은 제품을 만들어 내야만 광고가 그 역할을 다하게 된다. 좋은 음식이 없는데 어디에 소금을 넣는단 말인가? 나이키가 유명한 것은 누구나 다 안다. 이 브랜드는 좋은 품질을 무기로 했지 광고에만 신경 쓰지 않았다. 나이키 신발의 창시자는 다양하고 많은 시험을 거쳐 신발바닥에 에어 매트를 부착하여 가볍고 탄력이 좋고 발이 편한 신발을 만들어 냈다. 바로 다른 브랜드 신발과 차별화된 제품을 만들어 낸 것이다. 동시에 나이키는 높은 품질의 유지에 초점을 맞추면서 시장이 아무리 호황이어도 값싼 제품으로 대체하지 않았다. 이런 고품질 제품을 가지고 농구 스타인 마이클 조던을 모델로 삼아 광고를 크게 내, 오늘날 "지구인이면 다 안다"는 나이키의 성공신화를 이룩한 것이다. 제품의 특색과 품질이 기업의 생명이며 판매성공의 기초이다. 이런 의미에서 광고는 금상첨화의 개념으로 보면 된다.

음식이 아무리 좋아도 소금을 떠나서는 안 되듯이 제품이 아무리 좋아도 광고선전이 없으면 안 된다. 광고는 제품판매 성공에 중요한 역할을 한다. 우리는 항상 기업의 차별화 전략을 얘기하는데 사실 이 전략의 핵심은 기업이 자신만의 특색이 있는 제품을 만들어야 한다는 것이다. 어떤 제품은 외형, 포장상의 변화로 쉽게 특색이 구별된다. 그러나 어떤 제품은 내재된 품질을 차별화하여 한 번에 그 특색을 알아 낼 수가 없다. 제품의 차별성은 일반적으로 소비자의 인지도에 의해 좌우된다. 다시 말해, 소비자가 어떤 제품이 특색 있다고 느껴야만 특색이 생기는 것이다. 실제적으로 다른 제품과 얼마나 차이가 있는지는 상관없다. 광고는 바로 이러한 미미한 제품의 차이를 소비자에게 알리거나 느끼게 하여 실제적으로는 많은 차이가 없는 제품을 차이가 있게 만드는 것이다.

현대 사회에서는 브랜드 자체가 바로 무형의 자산이다. 유명 브랜드 제품은 바로 품질의 보증이며 소비자의 신분을 상징하기도 한다. 브랜드의 창출은 기본적으로는 좋은 제품이 바탕이긴 하지만 광고 없이는 유명해질 수 없다. 막대한 광고예산의 투입과 성공적인 광고기획이 없다면 아무리 좋은 제품도 유명 브랜드가 되기 힘들다. 필요한 광고지출 탄성치는 정상적인 상황에서는 플러스인데 이는 바로 광고의 이런 긍정적 역할 때문이다. 이는 또한 현대 사회에서 광고지출이 날마다 늘어나는 원인이기도 하다. 만약 제대로 운용할 수 있다면 광고지출로 발생하는 수요량 증가의 백분비는 광고지출 증가의 백분비보다 클 것이다. 즉, 광고지출이 매우 탄력적인 것이 되는 것이다. 이것이야말로 성공한 광고이다.

좋은 요리사도 한 줌의 소금이고, 나쁜 요리사도 한 줌의 소금이라고 했다. 요리의 비결이 바로 소금을 얼마나 넣느냐, 어떻게 넣느냐에 달렸다는 이야기다. 그래서 요리책에는 항상 "적당량"의 소금을 넣으라고 되어 있다. 기업에서 광고는 바로 이 소금이다. 많아도 안 되고 적어서도 안 된다. 요리사는 소금을 넣을 때 경험을 믿는다. 기업이 광고지출을 얼마나 하고 또 어떻게 광고를 만들 것인가에 대한 결정 역시 경험에서 우러나온다.

『백유경』 속의 이 우화를 읽고 모두들 그 바보가 웃기다고 느꼈겠지만 현실에서 이렇게 웃긴 기업은 또 얼마나 많은지 모르겠다. 이 우화를 생각해 본다면 어떻게 광고를 운용해야 할지 알게 될 것이다.

서양우화 편

寓言的经济学

1. Win-Win이 될 수 있는 협력

같은 업종은 서로 원수지간이다.
이 말은 경쟁을 강조한 것이다.
반면에 같은 업종은 친구지간이라는 말은 협력을 강조한다.
경제에서 성공하려면 경쟁이 중요하다.
하지만 협력도 Win-Win이 될 수 있다는 점을
잊지 말아야 한다.

기업 간에는 경쟁관계도 있고 협력관계도 있지만 어떤 때에는 서로 협력해야만 이익을 얻을 수 있다. 서로 도우는 것이 함께 이기는 지름길이고 서로 싸우기만 하면 피해를 볼 수밖에 없기 때문이다. 옛 사람들도 당연히 이런 이치를 알고 있었다. 라퐁텐의 우화 "말과 당나귀"도 이런 이치를 풍자한 것이다.

당나귀 한 마리가 말 한 마리와 나란히 짐을 싣고 가고 있었다. 말이 실은 짐은 가벼웠고 당나귀가 실은 짐은 아주 무거웠다. 당나귀가 말에게 도움을 청했지만 말은 대답을 하지 않았다. 당나귀가 무거움을 이기지 못하고 죽고 나서야 말은 후회하였다. 왜냐하면 당나귀가 죽자 주인은 그 짐을 말에게 끌게 하였고 거기에 죽은 당나귀의 가죽까지 얹었기 때문이다.

이 이야기에서 작자는 "세상은 원래 서로 도와야 한다. 만약 이웃이 죽으면 그 부담은 당신이 지게 될 수밖에 없다."는 말을 전하고자 한다.

말과 당나귀의 이러한 관계는 기업 간에도 자주 볼 수 있다. 한 업종에서 부품 공급 기업과 완제품 생산 기업이 이런 관계이다. 예를 들면 철강업에서 채광, 설비, 제강, 압연 기업 등의 관계나 자동차 업계에서 부품 기업과 조립 기업의 관계 등이 그렇다. 그들은 동일한 산업 네트워크의 각 부분을 맡으면서 서로 연계되어 흥망을 같이한다. 하지만 부품 공급 기업과 완제품 기업이 각각 독립기업일 경우에는 각자 자신의 이익이 있어서 눈앞의 이익 때문에 협력을 포기하기도 한다. 원료나 부품이 부족할 때 공급 기업은 이 기회에 값을 올려 완제품 기업의 부담을 가중시킨다. 상부 기업의 원료나 부품이 생산과잉일 때 하부 기업은 이 기회에 가격을 내려 하부 기업의 생존을 위협한다. 그 결과는 말과 당나귀가 협력하지 않은 결과와 같게 되어 어떤 기업이 도산하든 간에 같은 산업 네트워크에 속해 있는 기업은 모두 어려워진다.

우화 속에서는 도덕적인 설교로 말과 당나귀 간의 협력을 권한다. 하지만 현실 속에서는 각자의 이익에 직면하고 있는 기업들에게 도덕적인 설교로는 설득할 수 없다. 동일 산업 네트워크상의 각 기업 사이의 협력도 제도에 의지하여야 한다. 이 제도 중의 하나가 기업 간의 계약이다. 쌍방 간 공급과 구매의 가격, 수량, 품질, 기일에 대한 협의가 이루어지고 각자가 협의에 의해서 일을 하면 서로 간 협력관계의 안정을 보장할 수 있다. 이 협의는 쌍방 모두에게 법률적 구속력이 있어야 하며 위약 시에는 불이익을 받아야 한다. 이런 협력은 당나귀가 말에게 도움을 청한 것보다 더 효율적인 것이다. 기업 간의 계약은 기업 간의 효율적 협력을 위한 제도적 장치로 협력의 위험과 거래비용을 낮출 수 있다.

하지만 계약서 한 장만으로는 이런 기업 간 협력에서 발생하는 모든 문제를 해결할 수 없다. 서로가 위약의 가능성도 있지만 더 중요한 것은 계약만으로는 발생 가능한 모든 문제를 해결할 수 없다는 데 문제가 있다. 예를 들어 완제품 기업의 생산력이 제고되면 공급 기업도 생산력이 증가되기를 바라지만 기업의 확장은 자신의 일이지 계약으로는 제약할 수 없는 일이다. 만약 공급 기업이 가격을 높이기 위하여 완제품 기업의 생산량을 증가시키라는 요구를 거절하면 완제품 기업도 어쩔 수 없다. 이는 말이 당나귀를 도와주지 않았지만 당나귀가 어찌할 수 없었던 것과 같다. 이럴 때 또 다른 해결 방법은 완제품 기업이 수직합병을 통해 공급 기업을 합병하는 것이다. 수직합병은 동일 산업 네트워크상에서 한 기업으로 합병하여 통일 관리를 하게 하는 것이다. 이럴 때 기업 간 협력의 문제점은 발생하지 않는다.

그러나 현실에서는 같은 산업 네트워크상의 기업 간 관계만 존재하는 것은 아니다. 상호 보완적인 상품을 생산하는 기업, 예를 들면 EVD[1] 플레이어와 EVD 타이틀을 생산하는 기업, 혹은 자동차 생산 기업과 석유 기업 사이의 관계 등이 이 경우에 속한다. 이런 상품들은 상호 보완적 역할을 하기 때문에 이들 기업들도 공존공영하는 관계이다. 한때 중국 시장에서 EVD 플레이어의 판매가 부진했었는데 그 중요한 이유 중 하나가 바로 EVD 타이틀의 생산이 심각하게 지체되었기 때문이다. 같은 이유로 끊임없는 유가 상승은 자동차의 판매량에 영향을 미친다. 위에서 언급한 기업들은 각각 독립된 기업이다. 그들 간의 협력은 계약을 통한 것은 아니므로 합병되기도 어렵다. 세계적으로 자동차 기업과 석유 기업이 합병된 예는 없었다. 이럴 경우의 협력은 암묵적인 협력이 될 것이다. 예를 들면, EVD 플레이어의 개발은 EVD 타이틀에게 광활한 시장을 열어 주었고 이때 원래 EVD 타이틀을 생산하는 기업은 EVD 타이틀 생산과 개발에 투자해야 한다. 만약 이 기회를 놓치지 않는다면 이것이 바로 EVD 플레이어의 생산에 맞추어 새로운 시장을 개척하는 것이다. 같은 논리로 유가가 상승될 때 자동차 기업은 에너지 소모가 많은 자동차 생산을 줄이고 에너지 절약형 자

1. 역자 주 : 중국이 자체 개발한 차세대 동영상 압축 기술. DVD를 대체할 기술이라고 알려져 있다.

동차 개발에 노력해야 한다. 이렇게 협력하지 않으면 손해 보는 것은 결국 자신이기 때문이다. 1970년대 석유 위기 시 GM은 제때 절약형 자동차를 만들지 못해 결국 일본의 절약형 자동차가 틈새를 파고들었고 일본에 시장을 내주는 손해를 보게 되었다.

동일 업종 기업 혹은 대체상품 업종 간에도 경쟁과 협력은 공존한다. 같은 상품을 생산하거나 대체상품을 생산하는 기업은 시장 점유율을 높이기 위해 상호 간 경쟁은 피할 수 없다. 하지만 이런 기업 사이에도 협력이 존재할 수 있다. 이러한 협력은 일시적일 수 있지만 서로에게 이익을 줄 수 있다. 예를 들면, 동일 업종의 기업이 협력하여 신상품 혹은 신기술을 개발하는 것이다. 만약 한 기업이 혼자 개발하면 역량이 부족할 수 있다. 이때 여러 기업이 협력하게 되면 서로에게 이익이 될 수 있다. 일본의 소니, 마쓰시다, 히다치 등 가전 업체들은 이런 협력 경험을 가지고 있다. 동시에 같은 업종의 기업이 협력하여 어떤 목적을 달성할 수도 있다. 가전 업체들이 협력하여 공동으로 해외시장을 개척하거나 해외의 반덤핑에 대항할 수도 있다. 중국 원조우(溫州)의 라이터 생산 기업들이 협력하여 EU의 반덤핑 제소에서 승리한 것이 바로 좋은 사례다.

경제생활에서 각각의 기업은 공존 공영한다. 경쟁이 꼭 너 죽고 나 살자 식일 필요는 없다. 경쟁은 기본적으로 전체적인 효율을 높여 주기 때문이다. 이런 의미에서 경쟁도 협력의 또 다른 형식이 될 수 있다. 우리는 당나귀를 도와주지 않은 말의 결과를 기억해야 한다. 이 우화는 기업 간의 관계를 다룰 때 참고해야 할 의미 있는 우화이다.

2. 학문은 재산

우리가 학자들을 존중하는 이유는
그들이 학문을 하기 때문이다.
학문은 중요한 인력자본으로
사회적 재산을 창조할 수 있다.
이런 의미에서 학문은 재산이다.

프랑스의 나폴레옹은 학자들을 아꼈다고 한다. 그는 이집트 원정 시에도 많은 학자들을 데리고 갔는데, 이들을 행군 중에는 말을 태웠고 군인들 속에서 걷게 하면서 보호하였다. 나폴레옹의 명언 중에 "프랑스 원사 하나가 하나의 군단을 당해낼 수 있다."는 말이 있다. 이렇게 지식과 인재를 존중한 프랑스의 전통

은 프랑스 문학자 라퐁텐의 우화에도 나타난다.

라퐁텐이 쓴 "학문의 우위"라는 우화가 있다.

도시에 두 시민이 있었는데, 하나는 가난하지만 학문이 높고 다른 하나는 부자지만 무식하였다. 무식한 부자는 총명하고 가난한 사람을 늘 억압하려고만 하였으며, 스스로 큰돈을 쓰는 것이 중생들을 먹여 살리는 것이라고 생각하였다. 나중에 전쟁이 나서 부자 집이나 가난뱅이 집이나 할 것 없이 모두 파괴되었고 그들은 결국 고향을 떠나게 되었다. 부자는 무식한 데다 아무것도 없게 되어 가는 곳마다 냉대를 받았다. 반면 총명한 사람은 가는 곳마다 환영을 받게 되었다.

작자의 결론은 "무식한 소인배가 학문을 폄하하였지만 지식은 황금보다도 더 귀하다."라는 것이다.

사회가 학문을 존중하는 것은 학문을 잘 이용하면 재산으로 만들 수 있기 때문이다. 우화 속에서 말하는 무식한 부자와 학문이 높은 가난뱅이가 사회에서 공존하지만 그래도 학문이 있는 사람이 부유하고 무식한 사람이 가난한 경우가 더 많다. 동서고금을 막론하고 "학문이 높고 뛰어난 사람이 사대부"라는 것이 정설이다. 옛말에 "책에서 황금 집이 나오고, 백옥같이 귀한 얼굴을 얻을 수 있다."라는 말도 그래서 나온 것이다. 하지만 학문을 어떻게 이용하여 재산으로 만드느냐는 현대 경제학의 인력자원이론을 통해서야 과학적인 설명이 가능하다.

경제학자들은 각국의 경제성장 과정에서 관건은 생산 효율의 제고라고 주장한다. 생산 효율의 제고는 일인당 평균 자본량의 증가와 기술의 진보에 의해 이루어지는데, 이 두 가지가 바로 지식 발전의 기초이다. 일인당 평균 자본량의 증가는 자본의 양적 증가뿐 아니라 자본의 질적 증가도 의미한다. 자본의 양적 제고는 기술의 발전을 나타낸다. 예를 들면, 일인당 평균 자본이 10만원에서 100만원으로 증가하였을 때 이것은 간단히 한 기계가 10대 증가하였음을 나타내는 것이 아니라 디지털 제어 방식의 기계가 아날로그식의 기계를 대체하였다는 것을 의미한다. 이때 생산 효율은 열 배가 아니라 스무 배 혹은 더 크게 제고될 수 있다. 디지털 제어 기계가 아날로그 식 기계를 대체한 것은 기술발전의 결과이다. 기술발전은 지식의 발전과 그 지식이 생산에 적용된 결과다. 수학, 제어, 기계학, 야금학 등 분야의 지식과 학문이 증가함에 따라 사람들은 디지털 제어 기계를 발명하였다. 인류의 지식과 학문의 발전·축적이 없었다면 오늘날의 기술 발전과 물질적 풍요는 없었을 것이다.

세계 각국의 경우에서도 나타나듯이 문화수준이 높고 지식수준과 학문수준도 높은 국가는 경제성장이 빠르다. 반면, 한 국가가 빈곤하고 낙후된 원인은 지식과 학문 수준이 낮아서이다. 선진국과 중진국의 일인당 평균 교육기간을 비교해 보면 더 확연히 이해할 수 있다. 한 국가에 있어 지식과 학문은 바로 재산이다. 그리고 이것이 바로 각국이 교육을 발전시키고 과학기술 연구와 문화 사업을 중시하는 원인이다.

개인적으로 가지고 있는 재산이, 더 많은 재화를 창출할 수 있을지는 아무도 모르지만 지식과 학문은 개인에게 있어서는 재산의 누적이자 근원이다. 과거에는 토지, 부동산, 자본 설비나 돈 등을 재산으로 여겼다. 물론 맞는 말이다. 하지만 경제학자들이 보기에는 이런 것들은 유형의 자산이며 실물자본일 뿐이다. 사람에게는 지식과 학문의 형식을 가진 무형자산, 바로 인력자본이라는 또 다른 자산이 있다. 우화 속의 부자는 실물자본만 있고 인력자본은 없다. 반면 가난뱅이는 실물자본은 없지만 인력자본을 가지고 있었다. 사람에게는 인력자본이 종종 실물자본보다 더 중요한 역할을 한다. 전쟁이나 자연재해를 당하면 실물자본은 쉽게 파괴되지만 인력자본은 그 사람과 함께 공존하기 때문에 사람만 있으면 존재하는 것이다. 우화 속의 부자는 전쟁으로 실물자본을 잃어버려 벌거숭이가 되었지만 가난뱅이의 인력자본은 완전하게 보존되었다. 유태인이 이 점을 가장 잘 이해하였다. 그들은 이곳저곳 유랑하면서 실물자본을 잃어버리거나 약탈당하였다. 하지만 인력자본은 사람과 함께 다닌다는 사실을 잘 알았기 때문에 유태인은 인력자본의 축적을 매우 중시하였다. 이것이 바로 유태인이 성공할 수 있었던 중요한 원인이다.

실물자본과 비교하여 인력자본은 사회적 재화를 창출하는 동시에 개인의 재산을 창조한다. 미국 같은 선진국에서는 빈부차이의 주요 원인을 유산으로 계승된 실물자본보다는 인력자본의 차이로 여긴다. 교육 정도를 인력자본의 기준으로 보면, 1950년대에는 대학 졸업자가 고등학교 졸업자보다 소득이 42% 높았다. 1980년대 이르러서는 이 차이는 배가 되어 84%에 달했다. 새로운 기술혁명이 더해짐에 따라 이 차이는 더욱 벌어지고 있다. 중국에서도 "미사일을 만드느니 차로 삶은 달걀을 파는 것이 더 낫다."라는 바보 같은 사고방식은 더 이상 존재하지 않는다. 조사에 따르면 대학 졸업 이상의 학력을 가진 사람과 중학교 졸업 이하의 학력을 가진 사람의 소득 격차 비율은 1 : 0.6 정도이다.

라퐁텐이 우화에서 강조한 것은 '학문'이라는 단어다. 그럼에도 학문이라는 말을 써서 인력자본을 표현하는 것은 정확하지 않다. 학문은 지식이고 학문만으로는 경제효용을 가진 인력자본을 창출할 수 없기 때문이다. 지식이 사회적 재화를 창출할 수 있도록 운용되어야만 지식이 사회와 개인의 재산으로 바뀔 수 있는 진정한 인력자본이 되는 것이다. 경험이 중요한 이유가 바로 지식을 운용하는 기초가 되기 때문이다. 박사학위를 받고 많은 지식을 가진 사람이 곧장 재산을 만들 수 있는 것은 아니다. 지식이 있고 실전 경험이 풍부한 사람만이 지식을 재산으로 만들 수 있다. 라퐁텐의 우화에 나타나는 지식이 많은 사람은 경험이 많은 사람이었을 것이다. 그렇지 않았으면 가는 곳마다 환영을 받지는 못했을 것이다.

라퐁텐의 우화 "학문의 우위"와 현대 인력자본이론은 모두 학문과 지식에 대한 존중을 나타낸다. 하지만 우화 속의 이야기는 "지식을 존중해야 한다"에 초점이 맞추어져 있으나 인력자본이 이야기하는 초점은 "왜 학문을 존중해야 하는가"에 있다. 전자는 문학이고 후자는 과학이다. 문학적 우화가 내포하고 있는 진리가 과학적 진리를 설명해 준다. 우화가 우리에게 학문적 계시를 해 주었다면 과학은 우리의 행동을 이끌어 내 주는 것이다.

3. 선의의 폐해

잘못된 일을 한 많은 사람들은
모두 의도는 좋았었다고 자신을 변호한다.
사실 동기와 결과는 일치해야 한다.
의도가 좋더라도 가끔은 일을 망칠 때가 있다.

세계 문학작품 중에는 좋은 의도지만 일을 망치는 내용의 우화가 많다. 크릴로프가 쓴 "은자와 곰"이라는 우화도 같은 내용이다.

어떤 은자가 곰과 친구가 되고 곰은 그 은자를 아주 좋아했다. 은자가 잠을 잘 때 파리 한 마리가 은자의 얼굴에 앉았다. 파리를 쫓지 못하게 되자 곰은 결국 돌로 은자의 얼굴 위에 있는 파리를 내리쳤다. 파리는 날아갔지만 은자는 죽어버렸다.

크릴로프는 18~9세기에 산 문학가다. 그와 동시대를 살았던 청나라 문학가 러쥔(樂均)도 자신의 소설 『이식록(耳食錄)』에서 이와 비슷한 이야기를 하였다.

어떤 사람이 파리를 싫어하여 매일 나무방망이로 쫓았다. 어느 날 파리가 아버지의 머리 위에 앉자 방망이를 휘둘러 내려쳤다. 역시 파리는 쫓았지만 아버지는 죽고 말았다.

이 두 우화는 모두 좋은 의도지만 나쁜 결과를 가져온 사람들의 이야기를 풍자한 것이다. 그들의 비극은 출발점은 옳았지만 결과는 최악이었다는 데 있다.

현재 중국의 기층 공무원과 농민 관계가 아주 좋지 않다. 여기에는 기층 간부의 부패로 농민의 부담이 가중되고 간부의 업무태도도 좋지 않은 등 여러 가지 이유가 있다. 그중 하나의 원인을 꼽아 보면 기층 공무원이 농민을 가난에서 탈피시키려는 좋은 의도로 어떤 시도를 하지만 오히려 농민에게 해를 끼치는 행위를 하게 되기 때문이다. 예를 들면 농민에게 어떤 작물을 심도록 강요하는 경우가 있다. 심지어는 경찰까지 동원하여 농민이 이미 심어 놓은 작물을 망가뜨리고 자신이 추천하는 작물을 심게 하기도 한다. 그러나 간부가 심게 한 농작물이 공급 과잉으로 팔리지 않아 그 손해는 농민이 보는 일이 발생하고 있다.

또 하나의 예로 "도로를 놓아야 부자가 된다."라고 말하면서 도로 등 기초 시설을 건설하는데, 이 역시 동기는 나쁘지 않지만 농민에게는 감당할 수 없는 부담이 되고 있다. 또 너무 앞서 도로를 건설해 실제로는 별 소용이 없는 경우도 있다. 또 어느 지방에서는 지역 주민들에게 돈을 걷고 은행에서 돈을 빌려 공장을 건설하였으나 시장에 대한 이해도 부족했고 기술도 형편없었기 때문에 결국 공장이 도산한 경우도 있다. 그 결과로 지역 주민들의 무고한 돈이 낭비되었고 지방정부는 부채더미에 올라앉게 되었다.

이런 일은 대부분 촌, 향 등의 기층에서 발생하고 있다. 의도가 좋을수록, 더 높은 직급의 마음씨 좋은 공무원이 일을 할수록 그 결과는 더 나빠진다. 비근한 예로 주하이(珠海), 푸저우(福州), 푸양(阜陽) 등 여러 중형 도시들이 막대한 투자를 하여 건설한 지역 공항들의 효율은 대부분 형편없다. 이 세 지역의 일을 주도했던 지도자들 중 푸양시 서기를 지낸 왕화이중(王懷忠)이 뇌물수수죄로 사형당한 것을 빼고는 다른 두 지역은 모두 무사하였다. 어떤 사람은 "국유기업을 잘 처리하자"는 미명하에 억지로 국유기업의 빠른 성장을 강요하거나 또 강제로 병합하게 하는 등 마구잡이로 일을 벌려 원래 전도가 유망한 국유기업조차 파산하게 하였다. 이런 것들이 바로 그 의도는 선량했지만 은자를 죽인 곰과 아버지를 죽게 한 아들의 경우처럼 결과가 형편없게 된 예들이다.

좋은 의도를 가졌지만 좋지 못한 결과를 가져오게 되면 결과적으로 그 동기를 의심받는다. "백성들을 부자로 만들게 하자"라는 구호를 높이 외친 공무원의 뒤에는 혹시 자신의 승진 조건을 위한 의도가 숨어 있지 않은가? 잘못된 투자가 혹시 자신도 한몫 챙기려는 의도에서 시작되지 않았는가?라는 의심이 들지 않을 수 없는 것이다. 세상에 곰과 같이 멍청한 사람은 아주 적다. 숭고한 목적 뒤에는 일반적으로 개인적 의도가 숨어 있지 않을 수 없다. 아버지를 방망이로 내리친 아들의 마음에는 파리에 대한 자신의 증오가 숨어 있을 수 있다. 마음의 증오를 풀려는 것이 바로 개인적인 의도이다.

의도가 어땠느냐는 것은 사실 똑 부러지게 말하기 힘들다. 많은 노인을 죽인 영국의 악마 의사는 자신의 동기가 이런 병든 노인들에게 고생스러운 세상에서 벗어나게 해 주려 했다고 말한다. 하지만 어쨌거나 이 세상에서 나쁜 일을 한 사람의 동기는 모두 나쁘지는 않다. 서양의 경제학자 하이예크는 나쁜 사람이 한 나쁜 일과 착한 사람이 한 나쁜 일로 일을 나누었다. 그의 결론은 착한 사람이 한 나쁜 일이 나쁜 사람이 한 나쁜 일보다 더 무섭다는 것이다. 게다가 세상에서 제일 나쁜 일은 모두 착한 사람이 한 것이다.

나쁜 사람은 자신이 나쁜 일을 한 것이라는 것을 알기 때문에 그리 대담하지는 못하여 들키지 않으려고 몰래 한다. 그래서 아주 나쁜 일은 못하고 비교적 작은 나쁜 일을 저지른다. 이러면 나쁜 일의 영향력은 한정된다. 기껏해야 사람들의 돈을 빼앗거나 아주 커야 살인을 한다. 게다가 사람들은 나쁜 사람들에 대하여 늘 경계를 하기 때문에 언젠가는 그들의 죄상을 발견하고 저지한다. 즉, 나쁜 사람이 나쁜 일을 하면 스스로 좀 거리낌이 있고 다른 사람도 경계를 하기 때문에 세상을 놀라게 할 만한 큰 나쁜 일을 저지르는 경우가 적다.

그러나 착한 사람의 경우는 좀 다르다. 그들은 좋은 동기에서 시작해서 스스로의 동기가 아주 숭고하다고 여기거나 백성들을 도탄에서 구해 내거나 상대방을 위한다고 생각하기 때문에 나쁜 일을 할 때 전혀 거리낌이 없이 대담하게 한다. 이런 착한 사람은 대개 헌신적이기 때문에 큰 나쁜 일을 할 때 목숨을 걸고 한다. 게다가 다른 사람들은 그들을 구세주로 여기고 감독은커녕 그들을 도와 나쁜 일을 하게 한다. 그 결과 나쁜 일은 갈수록 더 확대되고, 그 영향은 나쁜 사람이 한 나쁜 일보다 훨씬 더 커진다. 대약진운동을 시작할 때에 영국을 앞지르고 미국을 따라잡자는 운동에 대하여 누가 그 동기를 의심했겠는가? 문화대혁명을 일으킨 동기도 '반수정주의'였고 국민들이 두 번 다시 힘들지 않게 하기 위한 것이었다. 결과는 어떠하였는가? 대약진은 백 명도 안 되는 나쁜 사람이 죄를 지었지만 결과는 최악의 상황을 초래했다. 문화대혁명도 큰 재난이었으며 백성들은 고난의 세월을 겪었다. 이와 같이 선의의 일이 나쁜 사람이 한 나쁜 일보다 훨씬 더 무섭다.

이 두 우화 속의 착한 사람도 그러하다. 곰이 만약 은자를 해하려 하였다면 그리 대담하지는 않았을 것이다. 아들이 아버지를 해하려 했다면 법을 두려워했을 것이다. 오히려 사심 없는 좋은 동기였기 때문에 살인이라는 나쁜 일을 저지르고 만 것이다. 만약 은자와 아버지가 곰과 아들의 동기가 나쁘다는 것을 알았으면 미리 방지할 수 있었고 그런 비극도 발생하지 않았을 것이다.

4. 자력갱생한 새끼 원숭이

온실 속의 화초는 비바람을 견디지 못하고
곱게 기른 자식은 큰 인물이 되지 못한다.
기업도 마찬가지다.
어미 원숭이를 정부에,
새끼 원숭이를 기업에 비한다면
어미 원숭이는 새끼 원숭이가 스스로 자랄 수 있도록
간섭하지 말아야 한다.

『이솝 우화』에는 "두 마리의 새끼 원숭이"라는 내용이 길지 않지만 읽은 사람은 많지 않은 이야기가 있다.

원숭이 한 쌍이 동시에 새끼 원숭이 두 마리를 낳았다. 어미 원숭이는 그중 한 마리를 특히 더 귀여워했고 더 관심을 갖고 키웠다. 다른 한 마리는 아주 싫어하여 조금도 신경 쓰지 않았다. 그러나 그 사랑받던 새끼 원숭이는 어미 품에 꼭 안겨서 숨이 막혀 죽고, 신경 쓰지 않던 새끼 원숭이는 건강하게 자라날 줄 누가 알았겠는가?

작자는 이 우화에서 "모든 일은 다 정해져 있기 때문에 사람이 아무리 머리를 써도 운명은 어쩔 수 없다."는 숙명론적 메시지를 전달하고 있다. 그러나 필자는 꼭 그렇지만은 않다고 생각한다. 이 우화는 오늘날 정부가 어떻게 기업을 대해야 하는가를 설명해 줄 수 있다. 여기서 어미 원숭이는 정부이고, 사랑받는 새끼 원숭이는 국유기업, 버림받은 새끼 원숭이는 민간기업이다.

시장경제 개혁을 시행한 지 수년이 지났지만 정부는 국유기업에 대하여 아직도 어미 원숭이가 한 새끼 원숭이를 대하듯 관심을 갖고 사랑을 쏟고 있다. 헝가리의 경제학자 코나이는 이런 사랑을 "부성애주의"라고 표현한다. 계획경제체제하에서 이런 부성애주의는 실제로 아버지의 엄격함과 어머니의 자애를 겸비했다. 국유기업은 자주적이고 독립된 지위를 갖지 못하고, 기업은 정부가 내린 결정을 이행하는 의무만 가지고 있었다. 하지만 정부는 한편으로는 국유기업에 사심 없는 도움을 주었다. 자본과 자원을 무상으로 주었고 수많은 우대정책을 행하였다. 그러나 국유기업이라는 이 새끼 원숭이의 효율 저하는 세계적인 문제가 되었다. 만약 숨 막혀 죽을 정도가 아니었더라면 개혁은 없었을지도 모른다.

시장경제 개혁은 원래 국유기업을 경쟁 속에서 성장하게 하는 것이다. 하지만 어미 원숭이가 새끼 원숭이에 대한 사랑을 포기하지 못하면 새끼 원숭이도 독립을 하지 못한다. 새끼 원숭이는 독립의 대가를 치를 능력이 모자라지만 많은 정책상의 우대를 받는다. 국유기업은 민간기업이 할 수 없는 일을 할 수 있기 때문이다. 국유기업은 은행 대출을 쉽게 받을 수 있지만 민간기업에게는 대출의 문턱이 높기만 하다. 또 국유기업은 아주 쉽게 자본시장에서 주식이나 채권을 발행하여 융자를 할 수 있지만 이는 민간기업에게는 무척 어려운 일이다. 국유기업은 정부가 행정적으로 독점을 할 수 있게 하지만 민간기업은 공정하지 못한 환경 속에서 경쟁해야만 한다. 이밖에 국유기업은 세수 방면에서 우대를 받는 등등… 어쨌든 어미 원숭이의 새끼 원숭이에 대한 사랑은 지극하다.

그러나 이러한 지극한 사랑에도 불구하고 많은 국유기업이 아직도 곤경에서 벗어나지 못하고 있다. 저명한 경제학자 우징리엔(吳敬璉)도 "국유기업의 개혁이 장기적으로 큰 돌파구를 찾지 못했기 때문에 경제자원의 배치 면에서 볼 때 개혁의 큰 문을 아직 넘지 못했다."고 탄식하였다. 만약 소유권을 분명히 한 후 국유기업이 진정으로 독립된 정책결정 과정을 가진 주식제 기업으로 바뀌지 않는다면 아마 곧 "숨이 막혀" 죽을 것이다.

또 다른 새끼 원숭이인 민간기업을 살펴보자. 민간기업은 막 생겼을 때에는 미움을 받았었다. 어떤 지역에서는 큰 어려움을 겪기도 하였으며, 일부 낙후된 지역에서는 아직도 이런 현상이 나타난다. 전체적으로는 미움이 줄어들었다고 하지만 민간기업에 대한 무시는 여전히 존재한다. 민간기업이 받은 어려움은 이 새끼 원숭이보다 더 많다. 새끼 원숭이는 무시만 당했지만 민간기업은 국유기업과 같은 내국민 대우를 받지 못하였다. 창업을 하려면 심사를 받아야 했고 진출할 수 없는 업종도 많았다. 자본에 제한을 받았고 은행의 대출이나 자본시장에의 진출은 더더욱 어려웠다. 또 국유기업보다 더 많은 세금을 내야 했고 더 많은 비용을 지출할 수밖에 없었다. 민간기업이 겪은 설움을 이야기하라고 하면 그들은 아마 눈시울을 적실 것이다.

하지만 민간기업은 자주경영이라는 자신의 장점이 있다. 각급 지방정부가 이런 저런 방법으로 힘들게 하여도 결코 그들을 죽일 수는 없었다. 게다가 그들은 자유롭게 발전할 힘이 있었고 또 갖은 장벽을 돌파하면서 발전하기 시작하였다. 오늘날 민간기업은 이미 전체 중국 경제의 반을 차지하고 있다. 저장(浙江), 광뚱(廣東), 쟝쑤(江蘇) 등 경제 발전 지역에서 민간기업은 전체 GDP의 80% 이상을 차지하고 있고 심지어 90%를 넘는 지역도 있다. 이 새끼 원숭이는 아무도 신경 쓰지 않았지만 자유롭게 성장했던 것이다.

어찌하여 사랑받는 원숭이는 숨 막혀 죽고 아무도 사랑하지 않은 원숭이는 건강하게 자라났는가? 보통 내부 요인이 주된 원인이고 외부 원인은 조건이라고 말하게 마련이다. 기업의 발전도 그러하다. 이도 저도 못하게 하고 옷이 오면 손 내밀고 밥이 오면 입을 벌리는 원숭이는 어찌하든 강한 원숭이로 클 수 없다. 죽음은 면하더라도 목숨만 부지할 뿐이다. 기업도 당연히 마찬가지다. 정부의 사랑을 받는 국유기업은 온실 속의 화초와 같이 시장경쟁의 비바람을 겪지 않았으니 경쟁할 능력이 있을 리 없다. 어쨌든 일부 국유기업은 국내에서는 정부의 부성애주의의 보호를 받아서 살아남았고 또 일부는 잘 살기도 하지만 일단 국외로 나가면 아버지의 사랑을 잃게 되어 쉽게 살아갈 수 없을 것이다. 사랑이 넘쳐 너무 많은 보살핌을 주는 것은 실제로는 국유기업을 해치는 것이다.

반면에 민간기업은 아무도 신경 쓰지 않는 야생 원숭이다. 이 야생 원숭이들은 시장경쟁에서 스스로 생존을 도모하고 발전하였다. 이 과정에서 많은 평지풍파를 겪어 어떤 어려움이 닥쳐도 스스로를 구할 수 있게 되었다. 시장경제의 비바람과 폭풍 속에서 자신의 생존 능력을 단련하여 결국에는 모든 어려움을 극복하고 강성한 원숭이로 성장한 것이다. 이는 운명이 아니라 역사적 필연이다.

만약 어미 원숭이가 이러한 이치를 알았다면, 자신의 두 새끼 원숭이에게 같은 사랑과 자유를 주어 똑같은 조건 아래 스스로 성장할 수 있도록 했을 것이다. 두 마리의 새끼 원숭이가 모두 건강하게 자라는 것이 바로 어미 원숭이의 행복이지 않겠는가? 이 이치는 당연히 정부, 국유기업, 민간기업에도 적용된다.

5. 규칙은 있지만 공식은 없는 경영 관리

일부 경영 전문가라 하는 사람들은
항상 모 기업의 성공 경험을
보편적으로 적용되는 모범사례로 끌어올리려 한다.
그러나 성공적 경험 방식을 미신처럼 믿게 되면
열이면 열 다 실패한다.
왜냐하면 경영 관리에는 규칙은 있지만
공식은 없기 때문이다….

어떤 기업이 성공하면 경영 전문가들은 그 경험을 총괄하여 일단 이론적 수준으로 끌어올린 뒤 세상 어디에나 적용할 수 있는 공식으로 삼아 널리 퍼뜨린다. 그러나 이 공식을 답습하여 성공하는 기업이나 사람은 드물다. 참신함이 부족하거나 그저 자기나 혹은 다른 사람의 과거 성공 경험을 모방하는 것은 예로부터 인류의 약점이었다. 『이솝 우화』에 나오는 "소금 실은 당나귀"는 바로

이 약점을 풍자한 것이다.

당나귀 한 마리가 소금을 짊어지고 강을 건너다 잘못하여 물에 빠지고 말았다. 소금이 녹자 당나귀는 일어서면서 등의 짐이 가벼워진 것을 느꼈다. 그 뒤 그 당나귀가 솜을 지고 가다 또 강을 건너게 되었는데, 넘어졌다 다시 일어나면 등 위에 있는 짐이 가벼워질 것이라고 생각해 일부러 넘어졌다. 하지만 물에 젖은 솜은 더욱더 무거워져 당나귀는 일어서지 못했고 결국 강에서 익사하고 말았다.

작가는 이를 "세상사는 변화무쌍하여 어떤 사람의 꾀가 다하면 결국은 자신에게까지 재앙이 닥치는 것"이라고 평론하고 있다.

우화 속의 당나귀는 한 번의 우연한 사건을 보편적인 규칙으로 삼아 어디에도 다 통하는 것이라 생각하여 오히려 귀중한 생명을 잃고 말았다. 한 기업이 성공할 수 있었던 우연한 방법을 모범적인 방법으로 여겨 여기저기 써 먹는 사람은 이솝이 비웃던 그 당나귀와 다를 바 없다. "소금 실은 당나귀"와 유사한 이야기는 현실 생활 속 여기저기서 발견할 수 있다.

어떤 가전 회사는 가전제품을 생산하여 성공하였고 한 제품은 유명 브랜드가 되어 모든 사람이 알게 되었다. 이 기업은 같은 브랜드로 다른 가전제품을 생산하였고 먼저 상품에 대한 소비자의 신뢰와 유명세 덕에 다른 상품도 잘 팔려 나갔다. 그러자 일부 전문가들은 이러한 방법을 "브랜드의 연속" 방식이라 개괄하고 일종의 전략으로 삼아 다른 기업에게 전파하였다. 이 방식이 전략적으로 의미 있다고 판단한 한 일용 위생용품 생산 기업이 자신이 생산한 모든 일용 위생용품을 같은 브랜드로 사용하면서 동시에 막대한 광고비용을 투입하였다. 하지만 불행히도 이 기업은 당나귀와 같은 실수를 범했다. 이 기업이 생산한 화장실용 휴지와 식탁용 냅킨이 같은 브랜드를 썼기 때문에 소비자들은 브랜드만 보고는 어떤 종이를 어디에 써야 하는지를 구분할 수 없었다. 게다가 이 두 가지 종이는 서로 대체가 되지 못하는 것이었다. 이렇게 되자 소비자는 할 수 없이 다른 기업의 다른 브랜드를 구매하였고 결국 이 기업은 당나귀처럼 물에 빠져 죽었다.

왜 가전 회사에서는 성공적으로 사용되었던 '브랜드 연속 전략'이 일용 위생용품 회사에서는 실패했을까? 이것은 바로 업종 브랜드별로 각기 다른 역할이 있기 때문이다. 브랜드는 품질의 보증이며 사용자 신분의 상징이기도 하다. 유명 브랜드의 가전제품을 구매, 사용하면 품질도 보장되며, 또한 사용자의 신분을 표시하게 된다. 이것이 바로 유명 브랜드 가전제품의 가격이 높아도 판매량이 많은 이유이다. 유명 브랜드 하나를 만들려면 제품의 품질이 우수해야 할 뿐 아니라, 막대한 자금을 투입해 광고도 만들어야 한다. 그리하여 일단 유명 브랜드 상품이 생기게 되면 이 브랜드를 자신의 다른 상품에 이용하여 기존 브랜드의 우세도 이용하고 홍보비용도 절감할 수 있다. 이런 의미에서 브랜드 연속 전략은 나름대로 장점이 있어 많은 기업들이 쓰고 있기도 하다.

그러나 브랜드 연속 전략이 결코 모든 상품에 다 적용될 수 있는 것은 아니다. 최소한 아래의 두 가지 경우에서는 브랜드 연속 전략이 성공하기 힘들다. 하나는 앞에서 살펴본 일용 위생용품의 경우이다. 이때의 브랜드는 소비자들에게 용도의 표시를 알리는 역할을 한다. 소비자는 보통 간단하고 기억하기 쉬운 기호로, 같은 종류의 상품의 서로 다른 용도를 구별하고자 한다. 예를 들면 휴지 브랜드의 경우 브랜드 연속을 재차 사용하면 성공하기 매우 힘들다. 이런 제품에 대한 정확한 브랜드 전략은 브랜드를 세세하게 구분하는 것이다. 바오지에 회사의 가루비누에는 아홉 개의 브랜드가 있어 각각 다른 브랜드로 옷감별 세탁을 구분하여 소비자가 일목요연하게 사용하기에 편리하다. 바오지에 회사는 이 전략으로 성공했다.

또 다른 경우는 저질 상품이 고품질 상품의 브랜드를 써서 브랜드 이미지를 훼손하는 경우이다. 한 기업의 어떤 가전제품은 성공했지만 또 다른 제품이 성공하지 못한다면 그 브랜드 가치는 무너진 것이다. 일부 기업은 한 특정 제품을 생산해 낸 후 자기 브랜드를 같은 생산품을 생산하는 다른 기업에게 팔았다. 이는 결국 다른 기업이 유사 상표로 생산하게 하는 것인데, 이로 인해 결국 자신의 브랜드도 무너지게 된 기업도 있다. 왕년의 비둘기표 자전거도 이런 브랜드 연속 전략으로 무너진 기업이다.

제품은 용도별로 다 제각각이어서 브랜드의 역할도 같지 않다. 브랜드 연속 방식을 쓴다면 이솝 우화 속에 나오는 당나귀의 실수를 범하게 되는 것이다. 물론 여기서 얘기하는 브랜드 연속 전략은 그저 하나의 예에 불과하다. 많은 기업의 경영 관리에서 이와 유사한 상황은 보편적으로 존재한다. 기업의 경영 관리에는 규칙이 있다. 이런 규칙은 기업 경영 관리 실천의 마무리이며 이론화 작업이기도 하다. 규칙은 보편적 의의를 지니고 있지만 규칙의 운용에는 오히려 조건이 필요하다. 일정한 조건이 구비되어야 비로소 어떤 규칙의 운용이 가능하며 종국적으로 성공할 수 있다. 규칙은 복잡하지 않아 책에서도 배울 수 있다. 하지만 그 실행의 진정한 어려움은 여하히 실제 상황에 근거하여 규칙을 '배워 활용'할 수 있는가에 있다. 미국의 경제학자 프리드만이 강조한 "경제학의 규칙은 그저 몇 가지일 뿐이고 매우 간단하다. 이런 규칙을 어떻게 운용하느냐가 어렵다."는 그의 말은 모든 경영 관리에 해당하는 말이다.

당나귀는 어떠한 상황에서 물에 미끄러져 중량을 줄일 수 있는지, 어떤 상황에서 그 반대가 되는지 규칙을 이끌어 내지 못했다. 사람이 당나귀보다 똑똑한 점은 바로 실패와 성공의 경험 속에서 규칙을 이끌어 낼 수 있다는 것이다. 경영 전문가들이 하는 일이 바로 이런 규칙화 작업이다. 그러나 이런 규칙을 어떻게 응용하느냐는 기업가 본인의 깨달음과 경험에 달렸다. 이런 의미에서 필자는 경영 관리는 그 규칙은 있으되 공식은 없다고 생각한다. 애석하게도 이런 이치를 이솝 시대의 당나귀에게 알려줄 수는 없지만 오늘의 기업가들에게는 조심하라고 일러줄 수 있어 다행이다.

6. 원숭이의 고기잡이

다원화라는 말에
기업의 성공과 실패가 달려 있다.
어디에서 실패했는지 알려면
반드시 한번쯤은 원숭이가 어떻게 고기를 잡는지를
살펴봐야 한다...

원숭이는 사람을 잘 모방한다. 원숭이 한 마리가 나무 위에서 어부가 그물을 강에 펼쳐 넣어 물고기를 잡는 것을 보았다. 어부가 점심 먹으러 갈 때를 기다려 그 원숭이는 나무에서 내려와 그물을 던지면서 어부 흉내를 냈다. 그러나 원숭이는 그물에 얽혀 그만 그 안에서 밖으로 빠져나오지 못했다. 원숭이는 혼잣말로 "난 정말 고생을 사서 하네. 고기잡이를 배워본 적도 없는데 왜 하필 이걸 하려 했지?"라고 스스로 물었다.

이는 『이솝 우화』에 나오는 "원숭이와 어부" 이야기다. 작가는 이 우화에서 "원래 직업과 관계없는 일에 억지로 개입을 하면 아무

소득도 없을 뿐 아니라, 자신에게 위험할 수도 있다."라는 메시지를 전달하고 있다.

다원화라는 세계적 기업환경에서 자신의 조건은 생각지 않고 낯선 업종에 뛰어드는 기업들과 이 제 잘난 맛에 사는 원숭이는 상당히 비슷하다. 기업이 커지고 강해지기 위해 업종을 넘나드는 다원화 경영을 시행하는 것은 선택할 만한 길이다. 많은 세계적 기업들도 다원화 속에서 성장하기 시작했다. 그러나 다원화는 또 "아름다운 함정"이라고도 불릴 만큼 매우 유혹적이지만 많은 위험이 도사리고 있어 조심하지 않으면 나락으로 떨어지게 된다. 우리는 다원화에 성공한 기업을 보지만 더 많은 기업들이 바로 다원화 과정 속에서 사라져 버렸다는 것을 절대 간과해서는 안 된다. 마치 원숭이가 나무 위에서 열매 따는 것 말고 고기잡이를 하고 싶다고 한 것처럼 말이다. 만일 이런 업종을 넘나드는 경영에서 성공하면 열매와 고기를 모두 얻어 생활도 더욱 윤택해지겠지만 그물에 얽히게 되면 목숨조차 보존하지 못하게 된다. 그렇다면 다원화 속에서 어떻게 해야 함정을 피하며 열매와 고기를 모두 얻을 수 있을까?

어떤 다원화를 추구하는 기업이든 한 발전 과정에서는 반드시 한 업종에 집중해야 한다. 경제학에서는 다원화 기업을 '생산품 비상관 기업'이라고 부른다. 이런 기업에서 한 제품 또는 한 업종과 관련된 수입은 반드시 기업 전체 수입의 70% 이하여야 한다. 그 이유는 바로 주력 업종이나 제품의 수입이 반드시 70%에 가까워야 하기 때문이다. 주력 업종은 해당 기업이 이미 성공한 업종이므로 성숙된 기술이 있고 보장된 시장도 점유하고 있어 기업에게 안정된 현금 회전과 상당한 이윤을 가져다 준다. 이는 기업에게 새로운 업종을 개척할 수 있는 자금을 제공할 수 있을 뿐만 아니라 새 업종 개척 시의 위험을 견뎌낼 능력을 갖게 한다. 설사 실패하더라도 여전히 자신의 본 업종에 의지하여 재기할 수 있으므로 파산까지는 이르지 않는다는 말이다. 바로 원숭이가 열매 따는 것을 주업으로 삼았다면 설사 고기잡이가 실패했더라도 여전히 열매로 살아갈 수 있으며, 기회를 봐서 다른 일도 할 수 있었던 것과 같은 이치다.

그러나 그 원숭이는 정말로 고기잡이를 알지 못했다. 단지 대충 몇 가지 그물 던지는 동작을 배워 낯선 업종에 뛰어든 것이다. 그것은 자신도 잘 알지 못하는 지뢰밭에 들어간 것과 같다. 모든 업종은 나름대로 특징이 있어 문외한은 그저 표면만을 볼 수 있을 뿐 내부 상황은 전혀 모른다. 예전 아시아의 최고 여성 재벌이었던 홍콩의 공루신(龔如心)은 일찍이 상하이(上海)의 슈퍼마켓과 농업 분야에 뛰어들고 싶어 한번에 47개의 '딩딩시엔(頂頂鮮) 슈퍼'를 사들였고 아울러 총명도라는 섬에 6천무[2]의 땅을 사서 "싱싱 채소 제국"을 만들고자 했다. 그러나 그녀는 지금까지 이 두 업종에 손 대

2. 1무는 약 200평 정도.

본 일도 없었고 그녀의 경영진 중에도 이 방면의 전문가가 없었다. 그래서 모두가 전망 있는 사업으로 인정했지만 결국은 이 업종에 익숙하지 못한 탓에 실패하고 말았다. '딩딩시엔(頂頂鮮) 슈퍼'는 몇 사람의 손을 거치면서 십여 년간 계속 손해를 보던 슈퍼마켓이었다. 공루신은 이 슈퍼마켓의 과거 손해의 원인을 그리 깊게 연구하지 않았다. 어찌 보면 이 실패는 당연했는지도 모른다. 진정으로 한 업종을 이해한다는 것은 그리 쉽지 않다. 다원화에 성공한 많은 기업들은 다른 업종에 뛰어들기 전에 조사와 연구를 철저히 하여 지뢰가 어디 있는지를 정확히 체크한다. 이 과정이 없다면 그것은 원숭이가 함부로 고기잡이에 나선 것과 같은 이치다.

원숭이의 고기잡이 가능 여부는 그 자신의 능력에 달렸다. 기업이 성공적으로 다른 업종에 적응할 수 있느냐의 여부도 마찬가지다. 기업의 능력이 포괄하는 내용은 매우 많지만 다원화 측면에서 보면 관건은 융자 능력과 인재의 확보이다. 한 업종에 뛰어들 때는 대량의 자금이 필요하다. 또 업종에 따라 전반기에 대량의 자금을 투자해야 후에 수익이 나는 경우도 있다. 사람들은 이런 방법을 "먼저 묻은 돈이 다시 돈을 번다."고 비유한다. 먼저 돈을 묻지 못하면 돈을 벌지도 못하지만 일단 먼저 투자할 수 있는 돈이 필요한 것은 사실이다. 많은 사람들은 홍콩의 「일주간(壹週刊)」이라는 잡지가 경영상으로 상당히 성공한 것으로 알고 있다. 그러나 9천만 홍콩달러가 투자된 다음에 오늘의 성공이 있었다는 것은 거의 알지 못한다. 만약 그때 8천만 달러까지 투자하고 자금이 부족하거나, 또 더 이상 돈을 융자할 수 없었다면 그 8천만 달러는 헛고생이 될 수도 있었다.

기업가는 현금 회전이 매우 중요하다는 것을 다 안다. 일단 현금의 회전이 끊어지면 아무리 전망 좋은 업종이라도 성공할 수가 없다. 우리가 여기서 강조해야 할 것은 융자 능력이지 자체 자금 보유는 아니다. 성공의 희망이 있다면 돈을 빌려도 결코 두렵지 않다. 그런데 만약 돈 빌릴 능력이 없다면 성공의 희망이 있어도 무슨 소용이란 말인가?

또 여러 업종에 뛰어들 때는 인재가 금전보다 더 중요할 수도 있다. 예를 들면 선물, 증권 등의 업종은 성공의 관건이 사람에게 있다. 이런 업종에서 성공한 사람들은 전문 교육을 받았을 뿐 아니라 풍부한 경험도 가지고 있다. 이런 사람들을 고용하기는 쉽지 않을 뿐더러 임금도 상당히 고액이다. 따라서 이런 방면의 우수한 전문 인력을 확보할 수 없으면 자금이 아무리 많아도 함부로 이런 업종에 뛰어들면 안 된다. 어떤 업종이든 그 업종의 업무에 능통한 전문 인력이 필요하다. 타 업종에 종사했던 기업인이 막대한 자금력으로 겉으로는 그다지 어려워 보이지 않는 음식점, 호텔 사업에 뛰어든다. 이 사업에서는 일류 요리사, 호텔 매니저가 바로 전문 인력이다. 좋은 요리사가 없는데 누가 그 음식점에서 밥을 먹겠는가?

사실 원숭이도 고기를 잡을 수는 있다. 그러나 우화에서 말했듯이 그저 몇 가지 그물 던지는 동작만을 배워서는 당연히 실패할 수밖에 없다. 제대로 하려면 원숭이는 먼저 그 업종에 익숙해지기 위해 어부가 어떻게 고기를 잡는지를 열심히 배우고, 열매 따는 것을 주업으로 하여 그물 살 때 필요한 돈을 모으는 한 편, 열매 채취를 주업으로 유지하면서, 자신이 고기잡이에 필요한 자금을 빌릴 수 있는지를 살핀 후에 고기잡이에 능한 원숭이 인재의 확보가 가능한지를 보고 차근차근히 접근하면 된다. 원숭이는 이런 지혜가 없었지만 기업가는 반드시 이런 점을 생각해 내고 고려해야 한다. 이것이 바로 사람이 원숭이보다 나은 점이기 때문이다.

7. 폭풍우 속의 바다제비

가격 경쟁의 폭풍우가 점점 더 거세진다.
효율이 저하된 기업은
가격 경쟁을 엄청난 재난으로 치곤 하지만
용감한 기업은 폭풍우 속의 바다제비가 되기를 결심한다….

제정 러시아의 밑바닥에서 허덕이는 사람들의 생활을 묘사하여 프롤레타리아 문학의 선구자가 되었던 막심 고리끼의 유명한 작품인 「바다제비의 노래」는 우화시이다. 예전에 필자는 이 시를 중국어와 러시아어로 외웠었다. 젊었을 때 이 시를 좋아했던 이유는 이 시가 혁명가에 대한 찬양이었고, 혁명이 표현해 낸 분투 정신

및 언어 예술이었기 때문이다. 지금은 혁명의 시대는 지났지만 바다제비의 그런 정신은 결코 뒤떨어진 사고가 아니다. 만약 바다제비, 잠수고기, 펭귄을 기업으로 비유하고, 폭풍우는 시장경쟁으로 비유하면 "바다제비의 노래"에는 새로운 의미가 생긴다.

시장경제의 본질적 특징은 경쟁이다. 경쟁이 없으면 효율이 없고 자원 배치도 극대화되지 않아 시장경제라 부를 수도 없다. 이것은 마치 바다에 폭풍우가 없으면 바다가 아닌 것과 같다. 그러나 중국이 시장경제를 실시했던 시간이 얼마 되지 않아 많은 기업들이 모두 경쟁을 좋아하는 것 같지는 않다. 그들 중 혹자는 잠수고기처럼 슬프게 쿵쾅거리는 천둥소리에 놀라고, 혹자는 멍청한 펭귄처럼 겁이 많아 가파른 절벽의 틈새로 몸을 숨기기도 한다. 그들은 가격 전쟁을 두려워하고, 개혁도 하려 하지 않고 그저 안정적인 시장에서 이윤을 추구하고 싶어한다. 반면에 바다제비 같은 기업은 경쟁의 폭풍우 속에서 급속히 성장하기 시작한다.

바다에는 왜 폭풍우가 있는 걸까? 이것은 새의 의지대로 바뀌는 자연의 법칙이 아니다. 마찬가지로 시장에 경쟁이 있는 것은 기업의 의지로써 바뀌는 경제 법칙이 아니다. 시장경쟁에는 가격경쟁과 제품차별 경쟁이라고도 하는 비가격경쟁이 있다. 마치 바다 위의 폭풍우가 생존능력이 없는 새들을 도태시키는 것같이 시장경쟁도 그런 생존능력이 없는 기업을 도태시킨다. 이는 결과적으로는 전체 사회에 유리하게 작용한다.

일단 가격경쟁을 보자. 시장의 가격경쟁의 폭풍은 바다 위의 폭풍우보다 더 심하다. 한때 가격 하락 바람이 시장을 압박했던 적이 있다. 이 가격 하락 바람이 기업에 주는 압력은 폭풍우를 만난 새들의 압력보다 크다. 이런 압력은 기업의 관리효율 향상과 더욱더 효율적인 자원의 이용을 압박하고 생산원가를 줄이도록 압박한다. 이는 바로 전체 사회에 대한 생산효율 향상의 과정이다. 폭풍우 같은 가격경쟁 속에서 생산효율이 저하된 기업은 도태되지만 해당 업종은 더욱 발전한다. 1920년대 초 미국에서 자동차가 가정에 보급되기 시작하자 자동차 산업은 많은 이익을 창출하였고, 기업들이 너도 나도 자동차 산업에 뛰어들어 한때 크고 작은 백여 개의 자동차 공장이 난립하기도 하였다. 마치 바다가 지나치게 많은 새를 감당하기 힘든 것처럼 자동차 가격은 최초의 4천7백 달러에서 3백 6십 달러까지 계속 떨어졌다. 이런 격렬한 가격전쟁 속에서 많은 기업들이 무너졌고 결국 포드, GM, 크라이슬러 등 3곳만 남게 되었다. 이들 세 기업이 규모의 경제 실현을 통해 대대적으로 자동차 생산효율을 향상시킨 덕분에 오늘날 미국은 자동차 산업 강국으로 성장할 수 있었다. 폭풍우가 없었다면 그 생존능력이 약했던 새는 여전히 생존했을 것이고 전체 파이는 한정되어 있으니 생존능력이 강한 새들마저도 살 수 없었을 것이다. 시장도 이와 마찬가지여서 효율이 낮은 기업이 도태되지 않으면 효율이 높은 기업도 발전할 수 없고 결국은 시장도 한계에 달하게 마련이다.

비가격경쟁은 제품차별 경쟁, 혹은 기업의 차별화 전략이라고도 한다. 즉 기업이 부단히 자신의 특색 있는 제품을 출시하여 다른 기업으로부터 소비자를 빼앗는 것을 가리킨다. 특색 있는 제품을 생산하는 기업은 일부 소비자층에 대한 독점적 위치를 형성할 수 있어 높은 이윤을 챙길 수 있다. 그러나 제품의 특색은 결코 불변하는 것은 아니다. 제품의 특색은 바로 격렬한 경쟁을 통해 형성된다. 제품의 차별 경쟁도 폭풍우와 같아 점점 거세지게 되어 있다. 같은 원리로 일단 어떤 기업이 개혁을 멈추게 되면 결국 도태되고 만다. 그러나 경쟁의 폭풍우를 두려워하지 않는 정신만 있다면 항상 성공할 수 있다. 이는 또한 바다 위의 새가 폭풍우에 적응해 적절한 생존 방식을 찾는 것과 같다. 따라서 개혁은 시장 제품을 나날이 바뀌게 하고 소비자의 다른 기호를 만족시키게 된다.

폭풍우는 어떤 새에 대해서도 평등하다. 마찬가지로 경쟁 역시 모든 기업에 평등하다. 어떤 새든지 폭풍우 속에서 자신에게 적합한 생존 방식을 찾을 수만 있다면 살아갈 수 있듯이, 어떤 기업이든지 자신의 정확한 경쟁방식을 찾아낼 수만 있다면 생존하고 발전할 수 있다. 미국 정부가 1978년 민간 항공을 개방하자 288개의 크고 작은 민항기 회사가 생겨났다. 이들은 가격과 안전성 및 서비스로 승부를 걸었다. 경쟁 결과, 팬암이나 유니버설 같은 덩치 큰 회사는 무너졌고, 델타, 사우스 웨스트 같은 작은 회사는 살아남았다. 시장은 폭풍우와 같이 무정한 적자생존의 전장이다.

시장경쟁은 바다 위의 폭풍우처럼 바꿀 수 없다. 관건은 어떻게 대처하느냐에 있다. 잠수고기는 폭풍우에 적응하지 못해 그저 물 밑으로 들어갈 수밖에 없었고, 펭귄은 폭풍우에 적응하지 못해 남극으로 갔다. 폭풍우에 용감히 맞섰던 바다제비만이 생존하여 영웅의 상징이 되었다. 기업은 바다제비가 폭풍우를 상대했던 것처럼 "분노의 힘, 열정의 불꽃 및 승리에 대한 자신감"으로 "울고, 또 날개로 파도의 끝을 넘어, 검은 번개처럼 먹구름을 통과하는 날카로운 화살처럼" 비상하여야 한다. 바다제비의 이런 정신만 가지고 있다면 경쟁에서 반드시 승리할 수 있다. 물론 기업이라면 바다제비처럼 용감해야 할 뿐 아니라 철저하고 정확한 전략도 있어야 한다. 그러나 정신이 가장 중요한 것이다. 완강한 정신이 있어야만 경쟁 속에서 승리의 이치를 찾아낼 수 있기 때문이다.

이 우화시는 1917년 10월의 러시아의 볼셰비키 혁명 이전에 쓰여졌다. 막심 고리끼는 「바다제비의 노래」에서 원래 폭풍우를 반동세력으로, 바다제비를 폭풍우와 싸우는 혁명가로 비유할 만큼 분명한 의도가 있었다. 그러나 만약 이 폭풍우를 불가항력의 시장경쟁으로 비유하고 바다제비를 경쟁 속에서 성장한 기업으로 비유한다면 더욱더 현실적 의미가 있다고 생각한다. 고리끼의 결미는 "폭풍우여 더 거세져라!"였다. 필자는 이 문장의 결미는 마땅히 "시장경쟁의 폭풍우야 더욱 거세져라!"여야 한다고 생각한다.

8. 본받아서는 안 될 기업가 후슈에이앤(胡雪巖)

봉건사회에서 상인은
관리와 결탁하기만 하면 성공할 수 있었다.
현대 시장경제체제 속의 기업도 정부를 떠나서는 곤란하다.
그러나 성공의 요건은 여전히 자신이다.
나는 오늘날의 기업가에게 희망한다.
후슈에이앤(胡雪巖) 같은 기업가는 되지 말자고….

기업계에 "장사를 하려면 후슈에이앤을 배워라."라는 말이 있다. 청나라 말기 관원을 등에 업고 일어난 거상 후슈에이앤을 배우라는 뜻은 바로 후슈에이앤처럼 관의 힘을 빌리는 길을 가라는 것이다. 봉건사회에서 성공한 상인이 되려면 아마도 이것이 지름길이었겠지만 과연 현대사회 기업가의 성공에도 바른 길이 될 수 있는지 궁금하다. 다른 사람에 의지하는 자는 결국 성공하기 힘들다는 크릴로프의 우화 "수컷 독수리와 거미"를 읽어 보자.

수컷 독수리 한 마리가 카프카스산 정상의 백 년 고송 위에 앉아 아름다운 풍경을 감상하면서 만물을 주재했던 제우스를 찬미하다 갑자기 거미 한 마리가 거미줄을 치는 것을 보았다. 수컷 독수리는 이상하게 여겨 어떻게 여기까지 올라왔냐고 물었다. 거미는 수컷 독수리의 꼬리에 붙어 올라왔다고 대답했다. 그 순간 회오리바람이 불자 거미는 땅으로 떨어졌다.

여기서 작가는 탄식한다. "여러분은 어떻게 생각할지 모르지만, 난 세상 사람들이 항상 이 거미와 같다고 생각합니다. 능력도 없고 노력도 하지 않으면서 권력의 꼬리에 붙어 이룬 성공을 오히려 떳떳하게 마치 하느님이 그들에게 수컷 독수리의 힘을 준 것처럼 행세합니다. 한 번의 회오리바람으로 날라갈 수 있는데도 말이죠."

후슈에이앤의 능력은 당연히 이 거미보다는 많이 강하다. 그러나 그는 항주 군수인 왕요우링(王有齡)의 보살핌에 힘입어 성공하기 시작했고 또 국경봉쇄 대장인 주어중탕(左宗棠)의 힘을 빌려 더욱 성장했다. 물론 결국에는 후슈에이앤도 거미와 마찬가지로 연줄을 잃어버린 후에는 회오리바람에 날려 파산하고 말았듯이 그런 수컷 독수리가 없었다면 그는 큰 인물이 되지 못했을 것이다. 현재도 일부 민영 기업가들은 각각의 탐관오리에 의지해 사업을 벌이다가 그 관리가 파직되면 자신도 연루되어 기업은 파산하고 국외로 도망가는 경우가 있다.

부정한 관리에의 의지가 안 된다면 청렴한 관리는 어떨까? 후슈에이앤이 의지했던 그때 관리는 모두 청렴했다. 후슈에이앤이 청렴한 관리의 보살핌으로 성공할 수 있었던 이유는 당시가 봉건 인치 사회이고 정부 관리의 말이 곧 법이던 사회였기 때문이다. 당시의 경제는 완전히 관의 통제를 받았으므로 상인이나 기업가는 그저 관의 입김만 있으면 생존과 발전을 도모할 수 있었다. 관리가 나쁜 마음만 먹으면 상인이 제 아무리 능력이 있어도 별다른 사업을 성취할 수 없었다. 만약 관이 밀어주기로 마음을 먹으면 각종 우대정책과 각종 특권이 부여되므로 아무리 멍청해도 사업에 성공할 수 있게 된다. 후슈에이앤이든 양주의 소금장수든, 휘상[3], 진상[4]을 막론하고 그들의 성공에는 모두 관의 지지나 관이 부여했던 특권이 결정적이었다. 이런 사회에서는 탐관오리든 청렴한 관리이든 상관없이 관의 지원만 있으면 성공할 수 있었다.

시장경제는 공평한 경쟁을 중시한다. 정부와 관리의 책임은 경제의 운행을 위해 좋은 환경을 만드는 데 있다. 따라서 무슨 우대나 특권을 주는 권력이어서는 안 되는 것이다. 기업은 소유제 형태나 규모에 상관없이 법 앞에서 모두 평등하다. 법에 따라 행정을 처리하고 공정하게 일하는 청렴한 관리에게는 힘을 빌릴 수 없다. 그들은 왕요우링 혹은 주어중탕처럼 당신에게 특별한 혜택을 주지 않을 것이다. 믿을 수 있는 사람은 탐관오리뿐인데 이들은 권모술수와 특권을 이용해 법을 어기면서 일한다. 그러나 탐관은 조만간 무너지게 되어 있다. 일단 탐관이 무너지면 그들을 믿고

3. 안휘성 지역 상인.
4. 산서성 지역 상인.

성공하려 했던 기업가들은 앞의 우화에 나오는 거미처럼 땅에 떨어질 것이다.

법치제도의 시장경제에서 기업가의 성공은 역시 사람에게 달려 있다. 개인의 분투와 노력이야말로 기업가가 성공하는 올바른 길이다. 관청과 연계가 없는 민영 기업가가 자신의 분투와 노력으로 큰 사업을 이룩해 「포브스」지에 소개되는 유명인사가 되곤 하는 것이 바로 이 점을 잘 설명한다. 성공한 기업가들은 결국 믿을 수 있는 것은 개인의 능력과 노력, 그리고 행운이라고 말한다. 여기서 말하는 능력에는 시장에 대한 민감도와 경영관리 재능이 포함되며 용감하게 개척하고 도전할 수 있는 담력도 포함된다. 노력이란 열심히 일하는 것을 가리키는 것으로 평소보다 더한 노동과 땀을 흘려야 한다. 행운은 바로 그들이 사업기회 확장에 유리한 시기를 잡을 수 있었던 것을 말한다. 중국의 개혁개방은 모든 사람에게 같은 기회를 제공했지만 소수의 사람들만이 이런 천재일우의 기회를 잡았다. 성공한 기업가들의 대부분은 눈물과 땀으로 범벅된 분투로 성공한 것이지 탐관오리에게 뇌물을 주고 아부하면서 성공한 것은 아니다. 결국 성공한 기업가가 더 높이 오르기 위해 의지한 것은 오로지 자신의 능력뿐이었다는 말이다.

물론 기업가의 성공은 개인의 능력에 달린 것이지만 그들이 완전히 정부를 벗어나서 성공했다고는 할 수 없다. 다시 말해 성공한 기업들은 정부의 정책을 잘 이용하여 자신의 기업을 발전시켰기 때문이다. 이 또한 기업가의 중요한 능력 중의 하나이다. 정부 혹은 관리의 특별정책에 힘입어 발전하는 것과 정부의 정상적인 정책을 이용하는 것은 별개의 문제다. 개별 기업에 대한 특별정책은 정부 지도자의 '은혜'를 입어야 하기 때문에 이런 특별정책 정보를 얻기 위해서는 어쩔 수 없이 관과 밀착하는 길을 걷게 된다. 그러나 정부의 정상적인 정책은 모든 기업에 대해 일률적이므로 잘 이용하는 것은 기업가의 능력이다. 예를 들어 인프라 시설을 늘리는 재정정책은 모든 기업에게 동일한 발전의 기회를 제공한다. 만약 당신이 다른 사람보다 한 걸음 빠르게 이런 정책의 변화를 예측하여 자신의 철강, 시멘트 류의 인프라 시설에 필요한 제품의 생산능력을 확충하면 당신은 다른 사람보다 성공할 것이다. 같은 이치로, 만약 당신이 화폐정책으로 인한 이율변동 추세를 정확하게 예측할 수 있다면 이율이 가장 낮을 때 투자를 확대해 투자의 이자 원금을 절약할 수 있다. 현대의 좋은 기업가는 바깥소식을 두 귀를 막고 듣지 않는 사람이 아니라 정부정책의 변동에 관심을 기울이며 이런 변화에 맞춰 자신의 기업정책을 조정할 줄 아는 사람이다.

많은 기업가들이 후슈에이앤에게 매력을 느끼는 이유는 중국 경제가 현재 여전히 온전한 시장경제가 아니어서 정부의 역할이 여전히 매우 중요하여 어떤 특별정책이나 특권에 빌붙어 성공하는 민영기업이 적지 않기 때문이다. 이런 현상은 세계 각국의 초기 시장경제 시기에 나타난 적이 있지만 결코 보편적인 시장경제 규율은 아니다. 중국의 시장경제는 지금 완벽해지고 있는 중이며 정부 권력도 지금 점점 경제활동에서 물러나고 있다. 그래서 기업을 잘

운영하려면 자신에게 의지해야 한다. 이런 측면에서 후슈에이앤의 길은 결코 시장경제의 정도가 될 수 없다.

수컷 독수리에 의지해 카프카스산에 올랐던 거미도 떨어졌고, 관에 의지했던 후슈에이앤도 결국 무너졌으며, 탐관에 의지했던 민영 기업가 역시 무너졌다. 설마 아직도 이 길을 따라가려는 사람이 있을까?

9. 이익분배 다툼의 근원

문학가인 크릴로프는 재산권 등의 문제에는 당연히 관심이 없었다. 하지만 그의 우화 "분배"에 나타난 묘사를 보면 무의식 중에 재산권의 중요성이 잘 드러나고 있다. 그는 이 우화를 통해 명확하지 못한 재산권 다툼이 초래한 결과를 절묘하게 묘사하였다.

몇몇 성실한 상인들이 함께 가게를 열었다. 많은 돈을 번 후에 그들은 가게를 접고 이익을 나누기 시작하였다. 하지만 이익의 분배에 어찌 다툼이 없을 수 있겠는가? 그들은 하나라도 더 얻으려고 다투었는데 이때 집에 불이 났다. 그런데도 그들은 자신들의 이익 분배 다툼에 열중한 나머지 가게가 불타는 것도 잊고 있었고 당연히 그들의 재산도 함께 불에 타서 재만 남게 되었던 것이다.

작가는 이 우화를 통해 "아주 중대한 일이 생겼을 때 모두가 불행을 겪는 이유는 공동의 재난을 극복하는 데 힘을 합치지 않고 서로가 자신의 이익만을 다투기 때문이다."라는 결론을 내렸다.

여기서 주의할 점은 크릴로프가 말한 이 몇몇 상인들은 모두 성실한 사람들이라는 데 있다. 이는 이익 다툼이 그들의 인격 때문이 아니라는 것을 나타내는 것이다. 이런 비극은 소위 '동업'이라는 제도 때문에 발생하였다. 동업이 왜 이런 결과를 가져왔는가? 크릴로프는 이에 대한 대답을 하지 않았으며, 우리 역시 크릴로프에게 이 대답을 요구해서도 안 된다.

현대 경제학의 설명에 따르면 상점을 함께 여는 것은 일종의 동업이다. 공동으로 소유하고 공동으로 경영하는 동업자들의 권리는 평등한 것이다. 동업이라는 소유제의 기업은 법률상 무한책임을 진다. 즉 모든 동업자는 기업에 대하여 모든 책임을 지게 되는 것이다. 만약 한 동업제 기업이 파산하여 채무가 있다면 마지막 한 명의 동업자가 남더라도 그 사람이 모든 책임을 져야 한다. 이것이 동업제에 있어 각 개인의 리스크를 더욱 크게 하는 것이다.

일반적으로 동업자들은 내부적 재산권에 대해 명확한 구분을 하지 않는다. 이는 당연히 너와 나를 구분하지 않는 공동소유이기 때문이다. 기업을 처음 시작할 때는 모두가 협력하여 기업의 생존과 발전을 위하여 분투하기 때문에 서로 간의 충돌이 잘 드러나지 않는다. 하지만 기업이 어느 정도 성장한 다음에는 명확하지 않은 재산권 때문에 필히 일련의 문제가 일어날 수 있다.

가장 먼저 나타나는 문제가 바로 이 우화에서 말하는 이익 분배 문제이다. 기업 이익 분배의 가장 큰 원칙은 공헌도이다. 공헌에는 두 가지 측면이 있는데, 하나는 기업에 자금을 투자하는 자금 공헌이 있고 다른 하나는 재능과 노력 등을 투입하는 인적 자원의 공헌이다. 자금의 수요량이 그리 많지 않은 기업은 종종 몇 동업자가 똑같이 나누거나 자금의 투자 비율만큼 가져가기도 한다. 이런 기업은 회사 관리 구조라는 것을 갖기 어렵기 때문에 각 개인의 실적을 판단하는 기준이 없다. 이렇게 수입이 적을 때에는 이익 분배의 충돌이 두드러지지 않는다. 하지만 기업이 성장하고 수입이 괜찮아질 때는 이익 분배의 충돌이 두드러진다. 분배과정에서 성실했던 동업자들이 충돌을 하게 되는 이유가 바로 여기에 있다.

다음으로는 정책 결정 과정의 문제를 들 수 있다. 기업이 작을 때에는 정책 결정 과정은 문제가 되지 않는다. 하지만 기업이 성장한 후에 어떻게 발전할 것이냐를 두고는 동업자들 간에 충돌이 생기게 마련이다. 기업의 발전 방향을 결정하는 것은 지극히 중요하여 동업자들이 관심을 안 가질 수 없기 때문이다. 하지만 각 동업자들은 각자의 생각이 있고 상호 협상의 거래비용도 상당히 높아서 만약 제때 결정을 못하면 기회를 놓치거나 심지어는 기업이 분열되거나 파산하기도 한다. 이 두 문제에 대한 갈등으로 인해 동업자들은 집이 불타 버릴 수 있는 위험성을 망각하기도 하며 결국 사람이 불에 타죽고 모든 것이 재로 변해 버리는 상황까지 맞이하게 되는 것이다. 크릴로프가 말하는 이런 위험성은 결코 가능성을 놓고 겁주는 것이 아니라 현실 속에서 늘 발생하는 일이다.

가족이 공유하는 가족 기업, 모든 사람이 동등한 주권을 행사하는 주식 합작제[5] 기업은 모두 이런 재산권이 불명확한 동업제 기업에 속한다. 따라서 동업제 기업은 시장경제 기반에서는 아주 드물다. 미국의 경우 5%의 기업만이 동업이고, 이들도 주로 법으로 동업제를 규정한 변호사 사무소 혹은 회계 사무소가 대부분이다.

크릴로프가 말한 성실한 동업자들 간의 분배를 둘러싼 충돌을 해결하려면 재산권이 명확하게 규정되어야 한다. 재산권을 명확하게 하는 가장 좋은 제도는 주식회사제도이다. 주식제의 본질은 재산권의 명확화를 실현하는 것이다. 주식회사의 소유자는 많을 수 있지만 모든 사람의 경우 기업 재산권은 그가 소유한 주식의 비율에 따라 정해지고 주식 의결권에도 구체적인 소유자가 있다. 주식 의결권의 많고 적음이 소유자들의 기업에서의 권력, 이익, 책임 등

5. 역자 주 : 중국 정부가 국가 소유자 자격으로 관리해 오던 기업의 주식을 기업 근로자에게 판매하여 기업의 소유 주체를 국가에서 근로자에게로 이전시키고자 1990년대 초반부터 시도한 제도로, 근로자들의 주인의식을 고취시켜 기업활동의 향상을 도모하는 것을 목적으로 하며 우리나라의 종업원 사주제와 유사한 개념이다.

을 결정한다. 또 모든 소유자가 나눌 수 있는 이익과 부담해야 할 위험도 결정한다. 만약 크릴로프가 말한 그 몇 명의 성실한 상인들이 상점에서 주식 의결권을 명확히 하였으면 그들은 이익 배분 시 더 이상 싸울 필요나 나아가 상점을 태우고 죽을 필요가 없었을 것이다.

하지만 모든 소유자가 대등한 주식 의결권을 가지고 있다 하더라도 주식 합작제라는 제도 아래서는 그래도 충돌이 일어날 수밖에 없다. 게다가 평등한 주주들이 필요에 상응하는 거래비용도 아주 높다. 그래서 주식회사에서 주식 의결권의 상대적 집중을 실현하려면 최대 이익을 얻고 최대의 책임과 결정권을 가진 대주주가 있어야 한다. 일반적으로 소액 주주들은 기업의 비용을 수익보다 더 중요시 한다. 왜냐하면 기업이 많은 시간과 돈을 정보 수집에 투입하는 데 비해 기업에서 얻는 이익은 한계가 있기 때문이다. 또 소액 주주들은 분배에만 관심을 갖고 기업이 불황에 빠지면 자신의 주식을 쉽게 처분해 버린다. 결국 대주주만이 기업과 밀접한 관계를 맺고 소유자로서 기업에 관심을 가지고 결정을 내리게 되는 것이다. 이 "분배"의 우화 속에는 바로 이 대주주가 없다.

가족 기업 혹은 몇 명의 친구가 동업하는 동업 기업은 모두 사유제에 속하는 사기업이다. 하지만 사유제가 꼭 효율이 좋은 것만은 아니며 오히려 어떤 형식을 갖추었느냐가 중요하다. 한 명의 주인을 가진 기업은 재산권 효율이 높지만 규모의 경제를 실현하기는 어렵다. 그런데 동업제는 사업을 크게 벌이기도 힘들면서 재산권도 명확하지 않기 때문에 기업의 주된 형식이 될 수 없다. 주식회사제도만이 규모를 무한히 키우면서 재산권도 명확히 하는 주된 기업 형식이 될 수 있다. 미국의 경우 GDP의 90%를 주식회사에서 생산한다. "분배" 우화 중의 동업자들이 이런 이치를 미리 깨달았으면 좋았을 텐데….

10. 부자의 자율

동서고금을 막론하고 많은 우화가 부자들을 열심히 비꼬고 풍자한다. 크릴로프의 "장례식"도 이런 우화의 하나이다.

고대 이집트의 한 부자가 장례식을 성대하게 치르기 위해 곡비(대신 울어주는 사람)를 두었다. 곡비는 아주 슬프게 울었다. 이때 한 나그네가 와서 나는 도사라서 죽은 사람을 살아나게 할 수 있다고 말하였다. 곡비들은 살릴 수 있다면 살리지만 5일 이후에 다시 죽게 하라고 말했다. 이 사람이 생전에 좋은 일을 한 적이 없었고 앞으로도 좋을 일을 하지 않을 것이므로 계속 살려 둘 필요가 없다는 것이다. 그러나 그 사람이 죽으면 우리를 또 곡비로 써서 대신 울게 할 것이고 곡비들은 다시 돈을 벌 수 있으므로 다시 죽이라고 한 것이다.

한 사람이 살아났다가 다시 죽기를 바랄 정도라면 그 행실이 어땠는지는 안 봐도 알 수 있다. 이것이 아마도 부자에 대한 사람들의 일반적인 태도일 것이다.

우화 속에 나타나는 부자에 대한 태도는 사람들의 부자에 대한 증오 심리를 반영한 것이다. 전통사회에서 많은 부자들은 각종 특권과 일반인에 대한 착취로 부를 쌓았다. 그들이 부를 쌓은 주된 수단은 폭력을 이용한 재분배에 불과한 것이지 재산을 창출한 것은 아니다. 게다가 그들은 부를 쌓은 이후 가난한 사람들에 대하여 한층 더 착취를 하였다. 이런 의미에서 부자들은 어질지 못하다는 말을 그들에게 적용하는 것도 무리는 아니다. 그렇기 때문에 "수호전", "로빈 후드", "쾌걸 조로" 등 "부자를 징벌하여 가난을 구제" 하는 주제를 가진 문학작품들이 세상에 널리 알려져 읽히게 된 것이다.

시장경제 초기의 엔클로져 운동이나 해외 약탈도 매우 폭력적이고 공격적인 것이었다. 하지만 전체적으로 보면 부자는 기본적으로 생산을 통해 부를 쌓았다. 그들이 비록 인격이 덜 갖춰졌고 경쟁 중에 떳떳치 못한 방법을 사용했으며 노동자들을 냉정하게 대했더라도 그들의 개인적 부는 사회적 부의 창조로 이어졌고 사회의 진보를 촉진하였다. 포드, 록펠러, 뒤퐁, 모건 등의 치부가 없었으면 오늘날 미국 경제의 고도성장은 없었다고 해도 과언은 아닐 것이다. 이들은 비록 일부 결점이 있지만 전체적으로 시장경제의 영웅으로 오늘날까지 존경을 받는다. 시장경제의 발전에 따라 그 이후 세대의 부자들도 끊임없이 자신을 완성시키며 많은 긍정적 행위를 통해 세간의 부자에 대한 선입관을 바꿔놓고 있다. 빌 게이츠, 워렌 버핏, 소로스 등이 그들의 막대한 재산을 자선 사업에 기부할 때 부자들이 어질지 못하다라는 생각은 이미 설 곳을 잃는다. 선진국에서 부자에 대한 증오심은 이미 주류가 아니다. 시장경제의 선봉장인 오늘날의 미국인도 우화 속의 고대 이집트 사람들같이 부자들을 저주하지 않는다.

하지만 중국은 아직도 미국인같이 부자들을 존중하지 않는다. 비록 많은 사람들이 그들의 치부가 사회에 유리한 영향을 준 것을 인정하고 있고, 부자들의 정치적 · 사회적 지위도 높아졌지만 부자에 대한 증오심은 아직도 보편적이다.

중국인들의 부자관이 관대하지 못한 첫 번째 이유는 전통사상의 영향을 받았기 때문이다. 중국 사회에서 전통적인 부자에 대한 증오심은 이미 수천 년을 내려올 만큼 뿌리가 깊다. 중국이 이미 시장경제체제로 전환되었지만 사람들의 사상과 의식, 특히 일반 민중의 사상의식은 아직도 정체되어 있고 전통적인 시각으로 부자를 보는 사고방식을 가지고 있다. 게다가 빈부 격차가 나날이 심화되면서 이런 관념은 더더욱 사람들의 가슴 속에 각인되고 있다.

두 번째는 보편적으로 존재하는 원죄의 개념[6] 때문이다. 심지어 정부의 문건도 민간기업의 원죄를 사면하는 문제를 제기하고 있다. 원죄가 사면되어야 하는 문제는 차치하고라도, 원죄의 존재를 인정하는 것이 민간에서 정부로 이어졌고 이는 이런 관념이 얼마나 뿌리 깊은가를 잘 나타내 준다. 일부 부자들, 특히 졸부들이 부의 창출 과정에서 확실히 밀수, 탈세, 약탈, 정경유착, 위조품 판매 등의 불법행위들을 저질렀다는 것은 부인할 수 없는 사실이다. 하지만 절대 다수의 민간기업은 자신의 노력과 개혁의 조류를 타고 정당한 방법으로 발전하였고 많은 부자들도 자신의 재능과 총명함, 확실한 전략과 근면함으로 돈을 번 것이다. 부정한 방법으로 돈을 번 소수의 사람이 부자계층 전체의 이미지를 망치고 있다.

세 번째는 중국의 일부 부자들의 재산 증식과 도덕 성장이 같이 이루어지지 못했기 때문이다. 신문에도 보도되었듯이 임금을 체불하면서도 고급 외제차를 몰며 주색잡기를 즐기는 한 기업주의 행위는 졸부가 된 후의 비정상적인 심리상태와 빈곤을 증오하는 심리상태를 설명해 준다. 일부 정당하게 돈을 번 사람들도 자신의 신

6. 원죄란 원래 종교적 개념으로, 교회의 가르침에 의하면 인류의 조상인 아담의 죄는 모든 인류에게 죽음과 육체의 고통을 가져오게 하였으며, 우리는 이미 태어나면서부터 원죄를 지니고 태어나게 된다고 한다. 여기서의 원죄는 부자들이 축재한 과정에서 나타나는 부정적 시각을 가리킨다.

분을 망각한 무절제한 행위를 하기도 한다. 이런 부자들을 일반인들은 존중해 줄 수 없을 것이다. 이런 의미에서 부자에 대한 증오의 상당 부분은 부자들 자신이 불러온 것이다.

시장경제 사회에서 부자는 존중되어야 한다. 물론 그들이 번 돈에 대한 존중이 아니라 그들의 사람됨이 존중되어야 한다는 것이다. 이런 존중을 받으려면 부자들은 우선 평등의식을 갖고 있어야 한다. 자신이 돈 몇 푼 있다고 다른 사람보다 더 귀하다고 생각하거나 마음대로 할 수 있다고 생각해서는 안 된다. 루쉰 선생이 말하듯 돈 좀 벌었다고 안면을 바꾸면 안 되는 것이다. 특히 빈곤을 증오해서는 안 된다. 자신의 재산 중에는 다른 사람의 땀과 노력이 포함되어 있다는 것도 잊어서는 안 된다. 일반 노동자들의 공헌과 희생 없이 과연 부자가 될 수 있었겠는가? 만약 부자들이 평등을 모르고 극빈층을 포함한 다른 사람들을 존중할 줄 모르면 돈이 아무리 많아도 다른 사람의 존중을 얻을 수 없다.

부자는 엘리트 의식이 있어야 한다. 엘리트는 보통사람 위에서 사회를 통제하는 사람을 지칭하는 것이 아니라 능력도 있으면서 양심적인 사람을 지칭한다. 부자는 종종 보통사람들의 모델이 되기 때문에 자신의 양심으로 사회의 모범이 되어야 한다. 자신의 언행에 주의하여야 하며 재산이 있으면서도 도덕성을 함께 갖추어야 한다.

부자는 또 사회봉사 의식이 있어야 한다. 기업의 목표가 이윤추구의 극대화에 있는 것은 당연하고 옳은 것이다. 하지만 부자는 사회에 대한 책임 의식이 있어야 한다. 즉, 자신의 돈이 사회에서 온 것임을 인식하고 사회에 환원할 줄 알아야 한다. 그래서 가난한 사람들에게 관심을 가지고 자신의 재산을 자선사업과 공익사업에 기부할 줄 알아야 한다.

정상적인 사회라면 부자에 대한 증오심이 있어서는 안 되며 가난에 대한 증오심도 있어서는 안 된다. 돈이 많든 적든 간에 사람들은 서로 존중되어야 한다. 전통적으로 부자들은 오해를 받았다. 하지만 더 중요한 것은 부자 자신의 행위가 올바르지 않은 데 있었음도 자각해야 한다. 나는 부자들에게 "부자들에 대한 증오"에 관한 우화를 많이 읽기를 권한다. 어떻게 스스로 자제하는가를 알아야 고귀한 부자가 될 수 있기 때문이다.

11. 수전노

동서고금을 막론하고 많은 우화들이 수전노를 풍자하고 있다. 프랑스 작가 라퐁텐도 "수전노와 원숭이"라는 우화에서 수전노를 풍자하고 있다.

돈을 목숨보다 더 소중하게 생각하며 돈에 대한 생각만 하는 사람이 있었다. 그는 재산을 안전하게 지키기 위해 집을 섬으로 옮기고 바다를 울타리로 삼았다. 그는 매일 돈을 쌓고 세는 것을 놀이로 삼을 정도였다. 그러나 항상 계산이 조금 안 맞는다고 느꼈다. 그가 기르는 말레이시아 원숭이가 창밖으로 돈을 던져 동전이 바다에 가라앉는 것을 보는 놀이를 즐겼기 때문이다.

작가는 이 우화에서 하느님이 일부러 부자를 보호하려고 원숭이를 시켜 재산을 바다 속에서 보존하는 것이라고 풍자하면서 돈을 쓸 줄 모르는 이 수전노를 개탄하였다.

돈은 동전이든 종이돈이든 쓸 줄 모르면 아무 소용이 없는 것이다. 만일 무인도에 갇힌 로빈슨 크루소가 엄청나게 쌓여 있는 돈을 보았다고 하자. 당연히 그는 어떤 물건도 바꿀 수 없는 이 돈을 보고 탄식부터 하였을 것이다. 돈을 통에 넣고 땅에 묻으면 이는 창고에 저장하는 것과 같다. 게다가 이 돈은 주인에게 어떠한 행복도 가져다주지 못한다. 세계의 종말이 와도 더 늘어나지 않을 것이다. 당연히 만약 인플레가 심해지면 오히려 더 줄어들 수도 있다. 우화 중의 수전노가 바로 그런 사람이다. 돈을 창고에 저장하든 바다 속에 저장하든 다 똑같다. 이 우화는 "돈이 있어도 쓰지 않으면 없는 것과 같다."는 것을 역설적으로 표현하고 있다.

그럼 어떻게 돈을 써야 하는가? 돈을 써야 돈이 벌린다. 돈을 써서 즐기는 것이 돈을 쓰는 좋은 방법이다. 돈을 써야 돈이 벌린다는 말은 요새 유행하는 말로 하면 바로 개인 재테크이다. 재테크는 자신의 돈을 수익을 올릴 수 있는 자산으로 만드는 것이다. 자산은 무형자산과 유형자산으로 나눌 수 있다. 인력자본은 무형자산이다. 교육을 받거나 훈련 프로그램에 참가하고, 헬스클럽에서 운동하거나 각종 활동에 참여하는 것은 인력자본에의 투자이고, 그 결과로 건강과 지식 그리고 기술의 성장을 얻을 수 있다. 이것이 인력자본의 형식을 갖춘 무형자산이다. 당연히 이런 무형자산을 가진 사람의 소득이 그렇지 못한 사람보다 높게 된다. 이를 무형자산의 소득이라고 한다. 그러나 현실 속에서 사람들은 인력자산을 무형자산으로 보지 않는다.

사실 돈으로 컴퓨터 학원, 영어 학원을 다니거나 혹은 책을 사서 보는 것은 모두 재테크의 한 방법이다. 물론 현재 개인 재테크를 말할 때는 대부분 유형자산을 더 지칭한다. 일반적으로 유형자산에는 물질자산과 금융자산이 포함된다. 집, 예술품 등을 사는 실물자산에의 투자는 집세 수입과 그 부가가치, 예술품의 부가가치 등 부대 수익을 창출한다. 이는 독일 1920년대 전후의 초고속 인플레이션이나 중국 내전 시 패배 직전의 인플레이션 같은 최악의 상황에서도 실물자산은 그 가치보존 효과가 가장 크다. 금융자산에는 은행예금, 펀드, 채권과 주식이 포함된다. 이런 자산의 가장 큰 특징은 고수익 기회와 리스크가 병존하는 것이다. 이 두 가지는 정비례 관계로 어떤 금융자산이 리스크가 크면 클수록 수익기회도 커진다. 예를 들면 정크본드 혹은 고위험 주식은 한낱 종이로 변할 가능성이 가장 크지만 폭리를 얻을 수 있는 가능성도 가장 높다. 당연히 반대로 리스크가 작을수록 수익도 적다. 은행예금은 리스크가 거의 없기 때문에 이율도 상당히 낮다. 일반 개인은 통상 리스크를 싫어하기 때문에 리스크를 피하면서 어느 정도의 수익을 보장받을 수 있는 각기 다른 리스크와 수익을 가진 금융상품으로 수익선을 다변화시킨다. 이것이 일반적으로 말하는 "계란을 한 바구니에 담지 마라"라는 포트폴리오의 교훈이다. 현대사회의 각종 펀드는 이런 자산분산을 위해 생긴 것이다. 이런 펀드를 사는 것은 그래서 개인 재테크의 첫 번째 선택이 된다.

개인 재테크는 돈을 투자해 개인 수입이 증가하기 때문에 사회 전체에 유리하다. 한 사람이 돈을 창고에 감추게 되면 그 돈은 개인과 사회에 모두 무용지물이 된다. 돈이 바다에 가라앉아 버린 것과 마찬가지가 되는 것이다. 돈은 각종 자산에 투자될 때 개인과 사회 모두에 이익이 된다. 예를 들어 돈을 인력자원 개발에 투자하면 사회는 개인의 인력자본을 운영하여 이익을 얻는다. 부동산을 구매하면 수요를 증가시켜 모든 사회 전체의 번영을 자극한다. 금융자산을 사고 이를 기업에 투자하면 사회 전체의 생산능력은 제고된다. 시장경제 중에서 개인의 재테크는 사회 전체의 재산의 증가와 걸음을 같이한다. 이는 "무인도에서 돈을 쌓고, 세고, 계산하는 놀이"보다 훨씬 더 의미 있는 일이다.

돈을 써서 돈을 버는 과정이 성공을 거두면 사람들은 성취감을 느낀다. 이것이 돈이 가져다주는 행복이다. 하지만 엄밀히 말해 이는 돈을 버는 과정 중의 한 부산물일 뿐이다. 물론 즐기는 것은 비록 주관적인 감각이기는 하지만 돈 쓰는 것을 즐기면서 자신에게 즐거움을 줄 수 있다. 돈을 땅속에 묻는 사람이 자신이 돈이 많다고 느끼는 것도 즐기는 것이다. 무인도에서 돈을 세는 것도 수전노의 즐거움이다.

하지만 절대 다수의 사람들은 이런 것들을 즐긴다고 여기지 않는다. 돈을 써서 즐긴다는 것은 돈을 써서 자신의 각종 욕망을 충족시키는 것이다. 돈으로 각종 물건과 서비스를 구입하고 자신의 생리적 · 심리적 욕구를 충족시키는 것은 즐긴다고 할 수 있다. 과거의 부자들 같이 돈이 있으면서도 청빈한 삶을 살고 아까워서 먹지도 못하고 입지도 못한다면 이는 즐길 줄 모르는 수전노일 따름이다. 돈으로 즐기는 것이 바로 소비이다. 이런 소비는 개인에게 행복을 가져오는 동시에 소비를 자극하여 관련 분야의 발전을 가져온다. 차를 사는 것은 개인이 즐기는 것이지만 사회에게는 자동차와 관련 산업의 발전을 가져오고 GDP를 증가시키는 것이기 때문이다. 남과 자신에게 모두 유익하다면 이를 어찌 즐겁다고 하지 않겠는가? 자신을 위해 돈을 쓰는 것이 즐기는 것이라면 다른 사람을 위해 돈을 쓰는 것도 즐거움의 하나이다. 당신이 기부한 돈으로 초등학교가 지어지고 많은 아이들이 학교에 갈 수 있게 된 것을 보았다면 당신은 얼마나 즐거울 것인가? 인간의 속성에는 분명히 이기적인 면이 있지만 이타적인 면도 있다. 동정심이 있어 사회적으로 존중받고, 개인의 이상을 실현하는 것도 사람의 욕망이다.

돈을 단순히 주지육림에 빠져 즐기는 것에 쓰지 않고 개인의 물질적 · 정신적 욕망 충족과 남을 위해 쓰는 것도 모두 즐기는 것이고 행복의 원천이 된다. 돈을 써서 이러한 행복이 왔을 때 사람은 더 이상 수전노가 아니게 된다.

탐욕스러운 사람의 손에서 돈은 최악으로 변할 수 있으며 수전노의 손에서 돈은 별 의미가 없다. 돈을 쓸 줄 아는 사람의 손에서야 돈은 비로소 재산이 되는 것이다.

12. 투입과 산출의 비상관성(非相關性)

1958년, 중국은 농업 분야에 무한정으로
씨앗 혹은 인력 투입을 증가시켰다.
그러나 생산량은 결코 증가하지 않았고
심지어는 감소하기까지 하였다.
다시 이런 실수를 범하지 않으려면
반드시 "투입이 늘었다고 해서 산출이 꼭 늘어나지는 않는다"는
이 간단한 과학적 이치를 기억하자…

우화를 읽을 때마다 나는 항상 감탄하곤 한다. 현대 경제학을 배우지도 않은 많은 옛사람들의 많은 사상이 오히려 현대 경제이론과 딱 들어맞곤 하니 말이다. 이런 톨스토이의 우화가 있다.

한 암탉이 매일 한 개의 계란을 낳았다. 여주인은 만약 암탉에게 모이를 좀 더 많이 주면 암탉이 낳는 알도 반드시 두 배로 늘어날 거라고 생각했다. 그러나 많은 모이를 먹은 암탉은 살만 쪄 갔고 나중에는 아예 알도 낳지 못했다.

경제학 공부를 조금이라도 한 사람이라면 이것이 바로 한계생산량 체감 법칙의 우화판인 것을 눈치 챌 것이다.

경제학에서 한계생산량 체감의 법칙은 기본적 경제원리의 하나이다. 일단 한계생산량에 대해 살펴보자. 한계생산량이란 투입한 어떤 생산요소가 한 단위 증가했을 때 발생하는 생산의 증가량을 가리킨다. 만일 투입한 생산요소를 노동이라고 한다면 노동이 총 한 시간에서 두 시간으로 늘어날 때, 생산량이 5에서 10으로 증가했다면, 이때의 한계생산량은 5이다. 생산 중 사용되었던 기술은 중대한 변화가 없고 그리고 기타 생산요소가 불변하는 상황하에서, 한 생산요소의 증가는 우선 한계생산량의 체증을 일으키고 나중에는 한계생산량의 체감을 거쳐 결국에는 한계생산이 마이너스가 된다. 예를 들어 농업에서, 사용하는 도구나 경작방법의 중대한 변화가 없고 토지, 인력, 씨앗 등의 생산요소가 모두 불변하는 상황에서 그저 비료만 늘렸다 치자. 만약 당신이 이런 동일한 토지를 서로 같게 몇 개로 나눠 각각의 토지에 사용하는 비료를 점차 증가시켰다면, 얻은 생산량은 반드시 비료의 증가에 따라, 우선 한계생산량이 점차 증가하고, 뒤이어 한계생산량이 점차 감소하다가 나중에는 비료가 너무 투입되어 곡물이 죽게 되고, 종자조차도 거둬들이지 못해 결국 한계생산량은 마이너스가 될 것이다. 이것이 바로 농업 경제학자인 영거가 이 원리를 증명하기 위해 실행했던 "영거의 비료시험"이다.

개혁개방 이전, 한계생산량 체감의 법칙은 준엄한 비판을 받았다, 왜냐하면 이 법칙은 확실히 "사람이 대담하면, 땅도 많은 생산을 하게 된다"는 호방한 구호에 상당히 저촉되기 때문이다. 그러나 한계생산량 체감의 법칙은 매우 객관적인 경제규율로 비판하고 부인할 수는 있지만 여전이 그 역할이 있다. 아쉽게도 이 원칙에 대한 비판의 결과는 그저 객관적 규율을 위배해서 일을 한 것뿐인데 돌아온 것은 규율의 무정한 처벌뿐이었다. 1958년 시작된 '대약진' 운동은 "사람이 대담하면, 땅도 많은 생산을 하게 된다"는 선동적 구호 아래 객관적 조건이 무시된 채, 조밀한 종자 심기나 깊이 땅 뒤집기를 실행하였다. 그러나 결과는 생산의 증대는커녕 오히려 생산이 감소되었다. 한계생산량 체감 원칙으로 보자면, 조밀한 종자 심기는 기타 조건이 불변하는 상황하에서 생산요소의 하나인 종자의 수만을 증가시킨 것이며, 깊이 땅 뒤집기 역시 기타 조건이 불변하는 상황에서 노동을 증가시킨 것이다. 이런 생산요소가 증가하게 되면, 생산량은 당연히 감소하게 된다. 이는 우화 속에서 얘기하는 암탉에게 사료를 늘렸더니 오히려 알을 낳지 못하는 것과 같은 이치다.

물론, 한계생산량 체감의 원칙이 절대적인 것은 아니다. 세상에 딱 들어맞는 진리는 없다. 어떤 진리라도 상대적이고 조건이 있는 것이다. 일정한 조건을 벗어나면 진리는 아마도 오류로 변할 것이다. 한계생산량 체감의 원칙 또한 마찬가지다. 한계생산량의 전제는 생산 속에서 사용되는 기술에는 중대 변화가 없고 기타 생산요소도 불변하며, 단지 한 생산요소만 변하는 것이다. 이런 가설 조건은 단기간 내 현실 속에서 존재한다. 물론, 업종에 따라 이 단기간은 아마도 수 개월, 수 년, 수십 년, 심지어는 백여 년이 될 수도 있다. 농업의 경작기술이 변하지 않고, 토지 등의 생산요소도 불변하는 시기 내에서는 모두 단기라고 할 수 있다. 공업에서는 생산기술이 변하지 않고, 기업규모가 변하지 않은 시기를 단기라 부른다. 농업의 단기는 수백 년에 다다를 수도 있고 심지어 더 길 수도 있지만, 공업의 단기는 훨씬 더 짧아 불과 몇 년이 될 수도 있다. 그러나 단기의 시간이 얼마이든 이 원칙은 단기간 내에서는 확실히 성립된다.

그러나 진리가 한 발 더 나가면 헛소리가 되고 만다. 장기적으로 생산기술에 중대한 변동이 일어나고 기타 생산요소도 늘고 줄 수도 있어 한계생산량 체감의 원칙은 적용되지 못한다. 영국의 경제학자 맬더스는 이 원리에 근거해서 인류 미래의 비관적 앞날을 예견한 바 있는데 이것이 바로 이 단기간에 적용되는 원리를 장기간으로 확대했기 때문이다. 장기적으로 생산기술의 진보는 한계생산량을 점차 증가시킨다. 농업에서 농기계의 운용, 종자의 개량 및 과학경작 방법의 운용으로 토지당 생산량이 점차 증가된 것이 좋은 예이다. 이런 연유로 맬더스가 예언한 인구위기는 출현하지 않았으며 사람들의 생활수준은 오히려 향상되었다.

한계생산량 체감의 법칙을 장기화할 수 없다는 것이 결코 단기적으로만 중요한 의의가 있다는 것을 의미하지는 않는다. 과거 중국은 이 원칙을 비판하면서 그 전제를 몰래 바꾸어 이 원칙의 장기적 부적합성을 비판하는 동시에 단기 적용성도 부정했다. 사실 이 원리는 현실생활 속에서 일찌감치 광범위하게 응용되어 왔다. 예를 들어, 한 기업의 생산규모와 기술이 불변한다면 이에 맞는 적당한 노동의 투입량을 결정해야 한다. 투입된 노동력이 적어지면 설비도 충분하게 이용되지 못하고 한계생산량도 증가하지 않게 되기 때문이다. 이것이 바로 효율 저하이다. 그러나 노동의 투입이 너무 많으면, 한계생산량은 점차 줄어들어 심지어는 마이너스가 될 수 있다. 이것 또한 효율 저하이다. 과거 많은 국유기업은 위와 같은 노동의 투입으로 인원이 너무 많아 한계생산량이 점차 감소하거나 마이너스가 되는 등 효율이 크게 저하되었다. 감원을 통한 효율 증대는 바로 이 문제를 해결하기 위함이었다. 이것은 마치 암탉에게 모이를 적게 주면 낳는 알이 적어지고, 많이 먹이면 또 알을 낳지 않게 되므로 반드시 적합한 사료량을 찾아야 하는 것과 같다. 과거 국유기업이란 "암탉"은 정말 너무 많이 먹었다.

한계생산량 체감의 원칙은 경제영역에 적용될 뿐만 아니라 다른 영역에도 적용된다. 영국 사회학자인 파킨슨은 정부의 기구가 방대

할수록, 인원이 많아질수록 행정효율은 점차 저하되며, 이로 인해 각종 관료폐해가 발생한다는 것을 발견하였다. 사람들은 이를 "파킨슨의 법칙"이라 부른다. 이는 한계생산량 체감의 원칙이 행정영역에서 응용된 것이다. 이러한 점에서 경제학 원리는 사실 인류사회의 공통 원리라 할 수 있다.

위대한 인물이 위대한 것은 바로 그들 사상의 결과가 실제적으로 많은 사람들이 한 평생 생각하지 못했던 진리이기 때문이다. 톨스토이의 이 100자도 되지 않는 우화를 읽고 나면 이를 인정하지 않을 수 없게 된다.

13. 데미안의 수프

한계효용 체감의 법칙은
우리에게 데미안 식의 맛있는 수프라도
결코 많으면 많을수록 좋은 것이 아니더라는 것을 알려 준다.
기업이 자기 제품의 판로를 가지려면,
반드시 데미안의 수프가 되어서는 안 된다.

한 문학가 모임에서 한 시인이 남에게 주어진 시간까지 빼앗으면서 자신의 신작을 읽었다. 같은 장소에 있던 어떤 사람이 크릴로프에게 어떤 신작이 있느냐고 물었을 때 그도 이 "데미안의 수프"를 읽어 내려갔다. 레닌 역시 공무원의 길고 재미없는 의례적인 보고서를 "데미안의 수프"라고 한 바 있다.

사실 데미안이 끓인 게살 수프는 매우 맛있는 수프다. 위에는 기름 한 층이 호박처럼 떠 있고 게살과 생선의 내장이 풍부하게 들어 있었다. 그런데 왜 그의 친구 포카는 그 맛있는 데미안 수프를 더 이상 찾지 않았을까? 알고 보니 데미안은 자신의 수프가 맛있다고 여겨 친구에게 억지로 세 그릇이나 먹게 하고, 더 이상 마실 수 없는 상황에서 강제로 그에게 "다시 한 그릇 더 먹어도 괜찮지?"라며 계속 강권했기 때문이었다.

경제학자들은 한계효용 체감의 법칙을 이용해 아무리 좋은 수프라 해도 결코 다다익선이 아니라는 사실을 해석해 냈다. 효용이란 사람들이 어떤 물품을 소비할 때 얻는 만족의 정도, 즉 예를 들어 생선 수프 한 그릇을 먹을 때 얻는 물질적인 만족, 혹은 한 권의 "크릴로프 우화"를 읽었을 때 얻는 정신적인 만족 등을 가리킨다. 효용은 완전히 소비자의 주관적 느낌으로 개인의 기호에 의해 결정된다. 특별한 객관적 기준도 없기 때문에 서로 다른 소비자가 같은 물건을 소비할 때 얻는 효용도 결코 같을 수 없다. 경제학자들이 효용을 분석할 때는 한계효용이라는 개념을 사용한다. 한계효용이란 소비자가 한 단위의 어떤 물품을 소비했을 때 증가하는 만족의 정도이다. 예를 들어 포카가 수프 한 그릇을 마셨을 때의 효용이 30이고 두 그릇째의 효용이 40이라면, 두 번째 수프를 먹었을 때 증가한 효용은 40에서 30을 뺀 10이 된다.

비록 효용이 주관적이기는 하지만 모든 사람의 소비는 한 공통된 법칙의 지배를 받는다. 바로 소비하는 동일한 물품의 수량이 증가함에 따라 증가하는 만족 정도, 즉 한계효용은 점차 감소한다는 것이다. 포카가 데미안의 첫 번째 수프를 먹었을 때 맛이 신선하다고 느꼈고, 한계효용은 30이었다. 두 번째 수프는 맛이 첫 그릇만 못하여 한계효용은 10이다. 세 번째 수프는 정말 억지로 먹어서 한계효용은 0이다. 만약 다시 네 번째 그릇을 먹어서 토할 것 같았다면 한계효용은 마이너스가 될 것이다. 때문에 포카는 재빨리 도망갔던 것이다. 바로 한계효용 체감의 법칙 때문이다.

한계효용 체감의 법칙은 단순한 하나의 현상묘사만이 아닌 이론적 근거도 가지고 있다. 사람들이 어떤 물품을 소비하는 과정에서 얻은 효용 혹은 만족은 생리학적 각도로 보면 외부 자극에서 야기되는 흥분(수프를 마시면 위를 자극하고, 정신을 흥분시키는데 이를 효용이라 한다)인데, 동일한 자극이 반복적으로 진행되면(끊임없이 수프를 마신다), 그 흥분 정도는 점점 더 낮아진다. 이것을 우리는 한계효용이 체감된다고 말한다. 만약 믿지 못하겠다면 스스로 생선 수프를 마시며 시험해 보면 된다.

한계효용과 한계효용 체감의 개념은 매우 중요한 경제학의 기본 법칙이다. 경제학자들은 한계효용이라는 개념으로 가치의 결정을 해석하는 혁명적 변혁을 일으켰다. 그래서 한계효용이론의 출현을 경제학 내에서는 "한계혁명"이라고도 부른다. 이는 현대 경제이론 전개의 초석이 되었다. 물론 이런 이론상의 의미를 우리가 깊이 연구할 필요는 없지만 이런 이론의 현실적 의의는 염두에 둘 만한 가치가 있다.

현재 많은 기업들이 제품판매 부진으로 고심하고 있다. 사실 현대 시장경제 환경에서 제품이 팔리지 않는 것은 결코 소비자의 구매능력에 문제가 있는 것이 아니다. 대부분은 해당 기업 제품이 소비자의 요구를 만족시키지 못해, 즉, 소비자에게 한계효용의 체감을 가져와 "데미안의 수프"가 되어 버린 결과이다. 예를 들어 보자. 중국은 도자기 대국으로 불렸지만 시장에서는 오히려 거의 모두가 도안과 형태가 매우 비슷한 청자가 대종을 이루었다. 이런 유사한 도자기들은 특별한 경우가 아니고는 한 세트만 있으면 되는 것이다. 같은 도자기가 많아지면 한계효용은 체감하고 심지어는 놓을 곳도 없어지게 되어 결국 한계효용은 곧 마이너스가 돼 버린다.

그러나 도자기 시장에만 이런 한계가 있는 걸까? 당연히 그렇지 않다. 같은 도자기들은 한계효용의 체감을 가져오지만, 서로 틀린 도자기들에게는 한계효용의 체감이 존재하지 않는다. 한계효용 체감이란 동일한 물건의 수량이 증가하는 것을 말한다. 동일한 물건이 아니라면 소비자의 또 다른 수요를 만족시킬 수 있어 한계효용 체감이 없다는 점을 기억하자. 도자기는 모양과 도안이 매우 다를 수 있어 서로 다른 수요를 만족시킬 수 있다. 즉, 서로 다른 효용을 창출할 수 있다는 말이다. 실용자기는 일상생활에서 사용될 수 있고, 예술 도자기는 감상을 통해 소비자에게 정신적인 풍요를 제공한다. 아이들이 좋아하는 동화 도자기는 부모의 아이사랑 수요를 만족시킬 수 있으니 이도 서로 다른 만족의 형태가 될 수 있다. 이

세 도자기에는 당연히 한계효용 체감이 존재하지 않으므로 수요가 있을 수밖에 없다.

어떤 제품에 대해 소비자의 수요가 얼마나 되는지는 이 제품을 소비를 통해 얼마의 한계효용을 얻느냐에 달렸다. 소비자가 한 제품의 소비를 통해 얻는 한계효용이 크면 가격이 비싸더라도 소비자는 그 제품을 구매하려 할 것이다. 만약 한계효용이 0, 심지어 마이너스라면, 즉 데미안의 세 번째, 네 번째 수프라면 소비자는 결코 사지 않을 것이다. 현재 판매 부진에 시달리고 있는 많은 기업들은 스스로 얼마나 많은 데미안의 수프를 만들었는지를 생각해 보아야 한다. 만약 많이 만들었다면 팔리지 않는 것은 지극히 정상적인 것이 된다. 경제학자들은 팔리지 않는 제품은 없으며 단지 소비자가 필요로 하지 않는 제품만 있을 뿐이라는 말을 자주한다. 당연히 데미안의 수프만 아니라면 반드시 팔릴 수 있을 것이다.

많은 기업들이 제품의 판로를 확보하지 못하는 것은 바로 특색 있는 제품으로 소비자 각각의 수요를 만족시키지 못했기 때문이다. 특히 시장에서 소비자가 좋아하는 신제품이 출현하게 되면 수많은 사람들이 한꺼번에 단순모방에만 관심을 갖는다. 이는 제품의 수량만을 증가시키게 되고 결국 소비자들의 한계효용만 체감시켜 결국 제품판매의 부진으로 이어지게 된다. 사실 머리를 조금 써서 특색 있는 제품을 개발하면 더 이상 판로는 걱정할 필요가 없을 것이다.

포카가 데미안의 수프를 싫어하고 다시는 데미안의 집에 가지 않게 된 것은 수프가 너무 단조로웠기 때문이다. 만약 데미안이 다른 맛의 수프를 만들어 냈다면, 혹은 수프에 다시 다른 메인 메뉴를 더했다면 어떠했을까? 비록 포카가 한 번 먹는 양에 한계가 있지만 매번 먹을 때마다 틀리다면 아마도 포카는 늘 데미안의 집에 가는 것을 원했을 것이다. 기업이 만약 한 종류의 데미안의 수프만을 만들지 않는다면 포카들이 벌떼처럼 몰려들지 않을까?

"데미안의 수프"를 극복할 수 있다면 온 천지에 널린 것이 고객이다.

14. 완벽할 수 없는 경제제도

한 아름다운 아가씨가 신랑감을 찾는 데 조건이 많았다. 젊고 잘생기고 신체건강하고, 기품이 있고 냉정하지 않으면서도 질투심도 없어야 했으며 재산도 많고 명문세가 자제로 똑똑하고 재능도 많아야 했다. 이 아가씨는 어쨌거나 완벽한 것을 원했다. 첫 번째 청혼자는 높은 지위에 있는 사람이었는데 그녀는 재미가 없다고 싫어했고 게다가 코가 못생긴 점도 마음에 들지 않았다. 두 번째 청혼자는 평범한 사람이어서 더욱 싫었다. 결국 세월이 흘러서 아름다움을 잃어버린 이 아가씨는 평범한 보통사람에게 시집을 갈 수밖에 없었다.

라퐁텐의 "아가씨"라는 우화에 나오는 이야기다.

완벽을 추구하는 것은 사람의 본성이다. 젊은 아가씨가 백마 탄

왕자님을 찾고, 젊은 총각이 절세미인을 얻으려 하는 것은 당연한 일이다. 그러나 설사 자신이 원하는 사람을 만나지 못하게 되더라도 나중에 기준을 낮추어 평범한 사람을 만나면 그뿐이다. 그러나 만일 사회가 완벽한 사회제도만을 추구한다면 이는 분명히 재난을 가져오게 된다.

초기 시장경제 사회에서는 뚜렷한 빈부 격차 및 대립 등 심각한 문제가 나타났었다. 이러한 문제의 해결을 위해 유토피아적 사상가들이 출현했다. 초기 사회주의자들인 무어, 생 시몽, 푸리에, 오웬 등은 모두 완벽한 사회제도를 설계했다. 그들이 추구한 이상사회는 풍요로운 물질환경 속에서 도덕적이고 만민이 평등한 서로 사랑하는 사회였다. 그러나 그들이 직접 추진한 작은 실험들은 모두 실패로 돌아갔다. 폭력적인 방법으로 이 유토피아를 실현하였을 때 아름다운 제도에 대한 추구는 곧 재난으로 바뀌었다.

처음에 청혼한 귀공자는 비록 여러 가지 결점이 있지만 사회의 주류가 되기에 충분한 장점을 가지고 있다. 이 귀공자를 시장경제로 간주해 보자. 시장경제는 확실히 결점이 있다. 시장 메커니즘에 의지하면 공공재의 부족이 나타날 수 있고, 외부효과(外部性)가 강해져 사회자원 분배의 오류를 가져올 수 있다. 즉 마이너스 외부효과를 지닌 물건이 과도하게 생산되고 실제로 외부효과를 지닌 재화는 생산이 너무 적어질 수도 있다. 또 시장경쟁의 와중에서 소비자와 사회에 손해를 끼치는 독점이 나타나기도 한다. 이런 것들을 시장실패(market failure)라고 부른다. 시장경제 공헌도에 따라 소득이 분배되어도 그 차이가 확대될 수 있어 사회가 공정성을 잃게 된다. 시장경제는 또 주기적인 경기변동이 발생하게 되어 있다. 1930년대에는 전대미문의 대공황이 발생했는데 이것이 바로 그 귀공자같이 재미없거나 코가 못생긴 사람이다.

하지만 귀공자의 본질은 고귀하다는 데 있다. 역사상 이렇게 효율적으로 자원분배를 통해 생산효율을 극대화하고 물질적 부를 이렇게 빠르게 증가시킨 제도는 없었다. 시장경제가 가져온 인류사회의 진보는 전통사회가 수 천년 동안 실현하지 못했던 것이다. 이런 제도의 성공은 본질적으로 보면 인성에 부합하는 것이다. 인성은 이기적인 것이다. 시장경제는 인간의 이기적 본성을 변화시키는 것이 아니라 가격이라는 “보이지 않는 손”을 이용하여 이기심이 전체 사회에 유익하도록 인도하는 것이다. 이기심의 동력은 사회발전에 유익한 결과를 가져왔다. 이것이 바로 시장경제가 비록 많은 결점이 있고 많은 우여곡절을 겪었지만 오늘날까지 아직도 생명력을 가지고 있는 이유이다. 그 아가씨는 처음에 청혼한 귀공자를 선택했어야 옳았다. 중국은 천신만고 끝에 이제야 이 시장경제제도라는 귀공자를 만나게 된 것이다.

중국이 개혁을 통하여 수립하려는 시장경제체제는 결코 완벽한 제도가 아니다. 당연히 이 제도의 수립과정 또한 완벽할 수 없다. 더욱이 개혁의 실행이 유토피아의 이상을 실현하는 것이라고 약속할 수도 없다. 미래의 제도에는 여러 가지 결점이 있을 것이다. 게다가 이런 시장경제를 실현하는 과정도 절대로 탄탄대로일 수 없다.

필자가 이렇게 탄식하는 것은 시장경제에 대한 일부의 평가가 공정하지 못하기 때문이다. 그들에게 있어서 이상적인 시장경제 개혁은 사람들에게 곧장 이익을 주고 공평하면서도 효율적이어야 한다. 그들은 현실적 상황이 그들이 추구하는 이상적 모델과 차이가 있다고 판단되면 그 아가씨가 귀공자의 청혼을 거절한 것같이 결점을 무한대로 확대시키고 나아가 과거로 돌아가 평범한 사람을 찾는다.

나는 중국의 시장경제 개혁 추진과정에서 나타나는 도시-농촌 격차의 심화, 심각한 실업 문제, 불완전한 사회보장, 미흡한 개인의 권리 보호, 환경파괴 등과 같은 "재미없는 점", "못생긴 코"가 너무 많다는 것을 부인하지 않는다. 하지만 우리가 먼저 알아야 할 것은, 시장경제 개혁은 중국 역사 수천 년 동안 존재하지 않았던 휘황찬란한 결과를 이끌어 냈고, 모든 개인 생활에 거대한 변화를 가져왔다. 이것이 바로 시장경제 개혁의 본질이고 귀공자가 고귀한 이유다. 이제 우리는 다시 과거로 돌아가는 잘못을 범하지 말아야 한다.

아름다움과 추함, 좋은 것과 나쁜 것은 상대적인 것이다. 촌부와 비교하여 귀공자는 당연히 고귀하고 아름답다. 같은 의미로 과거의 계획경제와 비교하여 오늘날의 시장경제 개혁은 귀한 것이다. 계획경제에서 시장경제로의 전환은 중국 역사상 가장 위대한 진보이다. 나는 그 아가씨도 촌부를 고르지는 않을 것이라고 생각한다. 중국 역시 계획경제와 시장경제를 서로 비교한 끝에 시장경제를 선택한 것이다.

이 세상에 완벽한 남자나 여자가 없다는 것은 누구나 안다. 하지만 많은 사람들은 이 경제제도를 완벽하게 추구하려 한다. 이런 인류의 본성은 많은 재난을 초래했고 우리는 지금 이 점을 똑똑히

이반 안드레예비치 크릴로프(저자) : (Ivan Andreevitch Krylov)
모스크바의 가난한 귀족집안 출신으로, 하급 장교였던 아버지가 일찍 세상을 떠난 뒤 소년 시절부터 노동을 하면서 자라났다. 이러한 민중생활의 체험은 훗날 그의 작가생활에 큰 도움이 되었다. 그는 14세 때 이미 『커피점을 치는 여자』를 발표하여 지방의 농노제 옹호자들의 퇴폐적인 생활을 날카롭게 풍자했고, 1782년 페테르부르크로 가서 본격적인 문학 활동을 시작했다. 스무 살이 되자 그는 월간 풍자잡지 「정령통신」의 발행인으로 취임하면서 재능을 발휘하기 시작했다. 그 후 그는 몇 가지 풍자잡지에 관여했고, 몇 편의 희곡도 발표했다. 그는 특히 1809년부터 1843년까지 전 9권, 권외 1권, 200여 편에 이르는 우화시를 발표했다. 처음에는 이솝이나 라퐁텐의 우화를 모방한 것이었지만, 점차 독자적인 러시아적 우화를 창작하기 시작했다. 그의 작품 중 어떤 시구들은 러시아의 새로운 속담이 되었고, 요즘도 러시아의 작가나 정치가들이 그의 우화를 종종 인용하고 있다. 특히 이 책 『크릴로프의 우화』는 그의 대표작으로 유명하다.

알아야 한다.

우화는 원래 가볍게 세상을 비유하고 풍자하는 뜻을 담고 있다. 우리가 이 아가씨가 신랑을 고르는 우화가 주는 교훈을 한 경제제도를 판단하는 기준으로 삼는다면 우화에서 느끼는 의미가 더 깊어질 것이다.

15. 법치(法治)의 중요성

러시아 우화작가인 크릴로프는 법률이 범죄자를 처벌하지 못하는 현상을 몹시 증오하여 이에 관련된 우화 두 편을 썼다.

그 한 편은 "곰의 벌통" 이야기이다.

모든 동물들이 곰에게 벌집을 지키라고 하였는데, 벌꿀을 좋아하는 곰은 벌통을 지키기는커녕 모든 벌꿀을 자기 집으로 가져갔다. 모든 동물들은 벌통을 훔쳐간 곰을 겨울 동안 동굴에 가둬놓는 벌을 주기로 하였다. 그런데 원래 곰은 동면을 해야 하고 동굴로 들어간 이상 벌꿀도 돌려줄 필요가 없게 되었으니 곰은 벌을 받는 것이 아니라 오히려 아주 즐거웠다.

또 다른 이야기 하나는 "꼬치고기"라는 우화이다.

꼬치고기 한 마리가 죄가 심하여 재판을 받게 되었는데 꼬치고기가 보낸 생선을 선물로 받은 여우가 검사가 되었다. 처음 판결로 교수형이 언도되었지만 나중에 여우의 제안이 받아들여져 꼬치고기를 강물에 익사시키라는 판결을 내렸다.

물고기를 물에 익사시키는 판결은 크릴로프만의 유머일 것이다.

하지만 독자들은 이 우화를 단지 이야기로만 여기지 말기 바란다. 왜냐하면 이러한 일들은 정말로 우리 현실에서 자주 일어나는 생생한 일이기 때문이다. 매년 3월 15일은 소비자의 권익을 옹호하기 위해 '국제 소비자의 날'로 지정되어 있다. 그러나 가짜 상품은 점점 더 늘어나고 있고 불량 상품도 시장의 20% 이상을 차지하고 있다. 매년 암표상들을 단속하지만 암표상들은 모두 돈을 벌어 새 집을 샀다. 그 원인을 추적해 보면 법이 바로 곰을 벌하는 태도를 가졌기 때문이다. 게다가 지방정부의 무분별한 보호까지 더해지고 있고, 가짜 상품 단속도 형식적이어서 가짜 상품을 축출하지 못하고 있다. 설사 범인을 잡더라도 옥살이도 짧고 벌금에도 상한선이 있다. 불법적인 수입이 벌금으로 내는 비용보다 훨씬 더 많기 때문에 이 양심 없는 사람들은 기꺼이 범법행위를 하고 있다. 문제는 이런 양심 없는 사람들이 더욱 많아지고 있다는 데 있다.

시장경제는 법률경제이다. 법률이 없으면 시장에는 질서가 존재하지 않는다. 만약 법률의 구속력이 작거나 법이 지켜지지 않으면 법률은 허수아비가 되고 누구도 무서워하지 않게 된다. 일부 범죄자들이 나 하나 고생해서 온 가족이 행복할 수 있다고 말하는 이유가 바로 여기에 있다. 즉, 검은 돈을 벌다 적발되더라도 자기만 몇 년 옥살이 하면 온 가족과 행복하게 지낼 수 있다는 것이다. 이는 당연히 범죄 이익이 원래 비용보다 크기 때문이다.

무릇 사회의 건전한 경제질서 구축은 법률에 의한 엄한 처벌로 시작되는 것이지 결코 달콤한 도덕적 설교에 의한 것이 아니다. 영국도 초기 시장경제 때에는 가짜 상품이 횡행하였고 돈을 빌리고 안 갚는 행위들이 심각하였다. 하지만 엄격한 법률 적용과 집행으로 가짜 상품 제조업자들은 벌금으로 가산을 날리고 옥살이도 하였다. 돈을 빌리고 갚지 않은 사람들에 대해서는 가택수색은 물론 채무자를 감옥에 가두었다. 바로 이런 징벌이 오늘날의 문명화된 영국을 만든 것이다. 오늘날 싱가포르를 가본 사람은 싱가포르의 문명수준에 탄복하게 된다. 하지만 이 문명화는 바로 엄벌에서 시작된 것이라는 것을 누구나 안다. 침 한 번 뱉으면 5,000원 싱가포르 달러가 벌금으로 부과되기 때문에 누구도 그런 모험을 하려 하지 않는다. 만일 위법 비용이 수익보다 크고 이 비용이 아주 실제적이라면 어떤 이성적인 사람이 침을 뱉으려 하겠는가? 이미 고인이 된 베이징대학교의 천따이쑨(陳岱孫) 교수는 항상 범죄자에 대한 처벌에 대해 "채찍을 높이 들어서 아주 천천히 내린다"라는 "三娘教子"의 노래 한 구절로 풍자하곤 하였다. 20여 년이 지났지만 이런 상황은 그리 변하지 않은 것 같다. 이를 뒷받침하듯 최근 수년간 가짜 상품은 더욱 많아졌으며 가짜 자격증 역시 최근에 더욱 기승을 부리고 있다.

법률은 대중을 보호하고 정의와 질서를 지키는 데 필요하다. 만약 법률이 규정한 처벌이 너무 약하다면 아무런 위엄도 없을 것이다. 만약 기존의 법률이 모양새만 갖춘 허수아비라면 누가 새들과 마찬가지로 그 진위를 가리지 않을 수 있겠는가? 법률이 곰에 대해 내린 징벌은 관용으로 동물들에 대한 범죄이다. 엄격히 법을 세우고 집행하는 데 있어 관용의 문제는 존재하지 않는다.

꼬치고기의 우화는 또 다른 문제점을 제시하고 있다. 바로 법을 집행하는 사람의 부패 문제이다. 현실에서 생선을 선물받는 여우는 많다. 여우는 뇌물을 받고 꼬치고기를 강물에 익사시키도록 판결하게 일을 꾸몄다. 법관은 뇌물을 먹고 범인의 벌을 감경해 주거나 큰 죄를 작게 해 준다. 정말 어쩔 수 없으면 집행유예를 내리기도 한다. 우리들은 관료들이나 조폭 두목들이 큰 범죄를 저지르지만 결국에는 집행유예로 풀려나서 상대방에 대한 보복을 자행하는 것을 자주 목도해 왔다. 그 이유는 법 집행자가 생선을 받은 여우이기 때문이다.

법 처벌의 강도가 약하고 엄하지 않은 법 집행 그리고 집법자 개인의 부패는 현재 경제 질서 혼란의 주요 원인이다. 곰은 여전히 동굴에서 겨울잠을 자면서 자신이 훔친 꿀을 먹을 수 있다. 꼬치고기 역시 강에서 여전히 나쁜 짓을 할 수 있다. 만약 곰과 꼬치고기와 공범인 여우가 이러한 범행을 계속한다면 결국 선량한 동물들만 손해를 보게 된다.

사실 이 문제의 해결은 그렇게 어렵지는 않다. 결심을 내리는 것이 관건이다. 중국의 법 적용은 현재 시장경제 상황과 부합되지 않는다. 난세에는 법을 엄격히 적용해야 한다는 말이 있다. 이것이 보편적 규율인 것이다. 시장경제의 현재 상황에 맞춰서 관련 법률을 개정하고 가짜 상품 제조 등의 위법행위에 대한 처벌 정도도 더 강화되어야 한다. 법을 위반한 대가가 불법 이익보다 훨씬 더 커야 하는 것이 기본원칙이어야 한다. 더 정확히 말하면, 불법행위에 대한 가혹한 대가만 있고 조금의 이익도 없어야 한다. 또 법률은 시행할 수 있어야 하고 구체적이어야 하며 운용할 수 있어야 한다. 엄격한 법률이 공포되면 그 자체만으로도 위엄성을 지니게 된다.

당연히 법이 있되 지키지 않으면 법률은 허수아비가 된다. 그래서 어떤 의미에서는 법의 집행이 입법보다 더 중요하다고 할 수 있다. 우리는 법이 있지만 제대로 시행되지 못하는 많은 예를 본다. 만약 정기적인 생산품 품질검사를 하지 않고 어쩌다 가끔씩만

검사한다면 도대체 얼마나 나쁜 상품이 시장에 흘러 들어갔는지 알 수 있겠는가? 그래서 고효율의 깨끗한 법 집행은 정상적 시장 경제 질서를 수립하는 데 아주 중요하다. 있어도 그만이고 없어도 그만인 행정조직은 과감히 간소화하고 법집행 부서를 확대하여야 한다. 만약 법집행 기구 중 꼬치고기의 선물을 받은 여우가 많다면 아무리 좋은 법과 아무리 많은 법집행 요원이 있더라도 소용이 없다. 우선 여우를 척결해 내는 것이 가장 급하다. 반부패의 제도화는 공무원에만 적용되는 것이 아니라 먼저 법 집행자에게도 적용되어야 한다. 물론 법 집행자는 감독기관과 사회여론의 감독도 함께 받아야 한다.

크릴로프가 약 200년 전에 제기한 이 현상은 현재 중국 사회주의에도 엄연히 존재한다. 200년이 흐른 오늘 중국은 과연 이 문제에 대해 얼마나 발전했는가? 이 문제는 우화를 읽는 것보다 더 무거운 문제이다.

16. 팥죽 때문에 포기한 장자의 권리

팥죽 한 그릇을 위해 장자의 권리를 포기한 성경 속의 한 이야기는 유명하다. 고대 서양법률에 따르면 장자만 집안의 재산을 전부 상속받을 권리가 있고 그 외의 다른 아들들은 한 푼도 받을 수 없었다.

어떤 한 가족이 있었는데, 그 집의 둘째 아들 야곱이 맛있는 죽을 끓였다. 사냥을 나갔다 돌아온 큰아들 에서는 목도 마르고 배도 고파서 그 죽 한 그릇이 먹고 싶었다. 그런데 야곱은 죽도 먹고 전병도 먹을 수 있게 해 주는 대신 장자의 권리를 달라고 하는 것이 아닌가? 에서는 사람이 배고파 죽겠는데 장자의 권리가 무슨 소용이 있냐고 생각하면서 지금 배부르게 먹지도 못하고 갈증도 해결 못하니 야곱에게 장자권을 가져가 버리라고 하였다. 야곱은 에서에게 맹세를 하게 한 후 그에게 팥죽과 전병을 주었다. 에서는 팥죽 한 그릇을 위해 상속권과 재산을 포기하였는데, 그가 후회하였을 때에는 이미 너무 늦은 뒤였다.

사람들은 자녀교육에서 눈앞의 사소한 이익을 위해 기본원칙과 권리를 포기하면 안 된다는 교훈을 주기 위해 이 이야기를 인용한다. 예전에 중국과 소련 간에 발생한 수정주의 논쟁에서 중국은 이 이야기를 인용해 소련이 조그만 경제이익을 위해 마르크스주의의 원칙을 포기하였다고 풍자했다. 여기서 그 당시의 논쟁을 지금 평가하겠다는 것은 결코 아니지만 작은 이익을 위해 원칙과 권리를 포기하는 현상은 유의할 만하다. 우리나라 돈으로 약 300억 원이 넘는 가치를 지닌 산시(山西)성의 한 국유기업을 어떤 도시가 수천만 원에 팔아버린 것도 이 팥죽을 위해 장자권을 팔아버린 이야기와 같은 것이다. 국유기업과 국유자산의 매각과 이전 과정에서 이런 사건은 산시성에서만 나타나는 것이 아니다.

국유기업과 국유자산은 인민 전체의 것이고 정부는 인민을 대표하여 권리를 행사한다. 정부는 소유자의 대표일 뿐이지 소유자는 아니다. 그러므로 정부는 전 인민 이익의 극대화를 원칙으로 하여 국유자산을 사용하고 처리하여야 한다. 국유기업 개혁 중 중소 국유기업을 민영화하는 것은 옳은 방향이다. 경제가 발전함에 따라 기업이나 개인이 국유자산을 얻거나 사용하는 것 또한 정상이다. 하지만 정부가 수입만 생각하여 국유기업이나 국유자산을 싼 값에 팔아버리면 그것은 팥죽을 위해 인민의 장자권을 팔아버리는 것과 같다고 할 수 있다.

그렇다면 누가 이 팥죽을 얻게 되는가? 현실에서 보면 두 가지 상황이 나타난다. 하나는 정부가 팥죽을 얻는 것이다. 어떤 지방정부는 재정이 어렵거나 재정적으로는 견딜 만하지만 돈을 더 써서 업적을 남기기 위하여 국유기업을 저가로 팔아버리거나 저가로 토지 등의 국유자산을 이전시키고 사용권을 팔아버린다. 또 다른 상황은 정부관리가 팥죽을 얻는 경우이다. 앞에서 본 산시성의 어떤 시는 저가로 국유기업을 매각한 대가로 관련 관리가 거액의 리베이트를 받았다. 저가로 국유자산을 매각하고 관련된 부패관리들이 이익을 얻은 사례는 이미 더 이상 뉴스거리도 아니다.

에서가 장자권을 팥죽으로 바꾼 것은 그가 장자권의 가치를 잘못 이해하여 충동적으로 장자권을 포기했고 또 부친이 제때에 적절한 충고를 하지 못한 결과이다. 현재의 중국 현실에서 저가로 국유재산이 매각되는 것은 이와 비슷한 경우이다.

국유재산은 국유기업이건 국유자산이건 모두 가치가 있는 것이다. 가치에 따라 파는 것은 팥죽과 장자권을 바꾸는 것같은 차원의 거래가 아니다. 가치란 이 가치가 창출할 수 있는 이익이다. 원래 1억을 투자한 국유기업이 있다고 치자. 지금은 설비가 낡아서 이미 영리능력을 상실하였다고 한다면 이 국유기업의 가치는 당연히 1억 미만이다. 원래 별 투자를 하지 않은 토지가 개발 후에 높은 수익을 얻을 수 있게 되면 이 토지의 가치는 아주 높아진다. 국유자산은 매각 전에 먼저 전문적인 중개기구를 통하여 자산가치 평가법에 따라 평가되어야 한다. 이것은 국유자산을 처리하는 첫 번째 근거가 된다. 다만 국유기업의 실제가치는 공개적인 경매과정을 통하여 설정되어야 한다. 경매방식을 통한 국유기업 혹은 국유자산 사용권의 공개적 거래만이 진정한 국유자산의 가치를 나타낼 수 있다. 밀실작업은 인위적으로 국유자산의 가치를 낮추게 되기 때문이다. 공개적인 방법만이 진정한 의미의 국유자산 유실을 피할 수 있게 한다. 만약 에서가 형제들에게 팥죽을 이용하여 장자권을 경매했다면 장자권을 팥죽으로 바꾸는 것이 꼭 손해를 볼 일이 아닐 수도 있다. 하지만 아쉽게도 에서에게는 수요자가 야곱밖에 없었다. 많은 중국 국유자산의 유실이 바로 이 살 사람이 너무 적어서 공개경쟁이 안 되기 때문에 발생한 일은 아닌지 생각해 볼 문제이다.

에서는 팥죽 한 그릇으로 장자권을 잃은 데다 이 거래를 감독할 사람도 없었다. 산시성의 또 다른 어떤 시는 바로 시위원회와 인민대표대회라는 감독이 장자권을 팥죽으로 바꾸는 것을 제지하였다. 국유재산의 매매는 법률절차를 준수해야 하고 이 절차는 공평해야 한다. 감독 역시 상급 감찰기구의 감독, 인민대표대회의 감독, 언론의 감독 등 다방면으로 이루어져야 한다. 장자권은 정부관리의 것이 아니다. 따라서 관리는 장자권의 실제 소유자인 인민의 의지에 근거하여 그 권리를 행사하여야 한다. 그리고 이 과정에서 당연히 각 분야의 감독을 받아야 한다. 하지만 관리들이 장자권을 자신의 팥죽 한 그릇으로 바꾸는 곳은 모두 감독이 부실하여 밀실작업이 이루어지는 곳이다. 감독이 권력을 잃으면 부패가 생기게 된다. 국유자산의 매매과정에서도 이 점은 똑같이 적용된다.

사실 성경 속에는 이러한 내용이 나타나지 않았지만 장자권을 팥죽과 바꾸는 것은 아마도 아버지 때문일 수도 있다. 하지만 중국의 현실에는 이런 상황이 존재한다. 즉, 각 지방정부들은 속히 국유기업을 매각할 생각만 한다. 설사 팥죽으로 바꾸지 않더라도 떨쳐버리려 한다. 각 지방정부들은 하급 정부 단위에 명령을 내려 3년 내 혹은 더 빨리 전 국유기업을 팔고, 1년 이내에 30% 이상을 팔아버리라고 윽박지른다. 이러한 상황에서 하급 정부는 상급정부의 압력을 받고 급히 국유기업을 처분하는데, 구매자는 아주 제한되어 있다. 국유기업이 이런 시장상황에 처해 있게 되면 국유자산은 결국 제 가격을 받지 못하니 국유자산이 어찌 유실되지 않을 수 있겠는가?

중소 국유기업을 팔아버리는 것은 옳은 일이지만 어쨌거나 과정이 필요하다. 시장수요가 있고 구매자가 있어야 한다. 만일 팔려는 마음이 너무 앞서면 어쩌면 팥죽 한 그릇과도 못 바꿀지도 모른다.

에서가 장자권과 팥죽을 바꾼 결과, 에서는 가난해지고 야곱은 부자가 된다. 만약 우리가 인민이 주인인 국유자산을 즉 그 장자권을 팥죽 한 그릇을 대가로 야곱들에게 판다면, 야곱들은 독점자본이 되고 에서들은 가난해진다. 이것은 바로 동남아시아와 라틴아메리카에서 나타나는 위험한 귀족자본주의인 것이다.

17. 쥐를 잡는 물고기

시장경제 추진의 많은 문제는
모두 정부가 스스로 무엇을 해야 하며
무엇을 하지 말아야 할지를 모르는 데 그 원인이 있다.
정부는 쥐를 잡는 창고기가 되지 말아야 한다.

사회는 분업화되어 있고 각자는 맡은 바 임무가 있다. 이를 무시하고 자신이 해서는 안 되는 일을 한다면 원하는 것과는 정반대의 결과를 얻기 쉽다. 크릴로프의 우화 "창고기와 고양이"는 이런 이치를 잘 설명하고 있다.

날카로운 이빨을 가진 창고기가 갑자기 기이한 생각을 하고 쥐 잡는 일을 하려고 했다. 창고기는 고양이에게 곡식창고에 데리고 가서 쥐를 포식하게 해 달라고 하였다. 고양이는 창고기를 만류하였지만 창고기는 듣지 않았다. 같이 창고로 간 고양이는 쥐를 배부르게 잡아먹었지만 창고기는 거의 성과를 얻지 못했다. 입은 지쳐 벌어졌고 꼬리는 쥐에게 물려 잘렸다. 고양이는 반죽음이 된 창고기를 다시 연못으로 돌려보냈다.

이 우화의 작자는 일찍이 제일 형편없는 것은 밀전병을 만드는 사람이 신발을 고치고, 신발을 만드는 사람에게 밀전병을 굽게 하는 것이라고 말한 바 있다. 자기 업종 이외의 일을 하기 좋아하는 사람은 성격이 완고하거나 제멋대로인 경우가 많다. 이들은 그 일을 망쳐 사람들의 웃음거리가 될지언정 성실히 가르침을 받거나 똑똑한 사람의 충고를 들으려 하지 않는다. 동물의 세계에서도 고양이는 쥐를 잡고 창고기는 물고기를 잡아먹는 것과 같이 영역이 구분된다. 같은 이치로 정부와 기업 역시 각자의 기능이 있다. 경제활동은 기업이 해야 하며 정부는 시장경제 질서를 보호하는 역할을 해야 한다. 정부가 창고기같이 쥐를 잡으려고 한다면 그 결과는 곡식창고에 들어가 기진맥진해지는 창고기보다 결코 나을 것이 없다.

시장경제체제에서 기업은 경제활동의 주체이다. 기업은 이윤 극대화를 목표로 자신의 자원을 사용할 권리가 있다. 일반적으로 기업은 내적으로는 이윤추구, 외적으로는 시장경제의 압박을 받고 있기 때문에 보다 효율적으로 자신의 자원을 사용하려고 한다. 이것이 바로 효율의 제고이다. 이러한 효율 제고를 위해 기업은 제때에 시장정보를 습득하고 시장수요에 적응하여 생산을 하며 가격변동에 맞게 생산을 조절한다. 이렇게 되어야 사회적 수요를 만족시킬 수 있게 된다. 기업은 또 자신의 이윤 극대화 실현 과정에서 사회복지를 증진시킨다. 시장경제의 원칙은 시장에 맡길 수 있는 것은 최대한 충분히 맡기는 것이다. 그래야만 기업이 효율적으로 경제활동에 종사할 수 있고 시장을 통한 조절을 통해 수요공급의 균형을 맞출 수 있다. 따라서 경제활동에 정부가 참여할 필요는 없는 것이다. 고양이가 효율적으로 쥐를 잡아야지 창고기까지 쥐를 잡을 필요가 없는 것과 같은 이치이다.

하지만 기업도 할 수 없는 일이 있다. 정부는 바로 이때 적절한 역할을 발휘하여 시장을 통한 조절에서 부족한 점을 보충해야 한다. 먼저 법의 수립과 실행을 통하여 시장경제의 정상적인 질서를 유지시켜야 한다. 시장경제는 법제경제여야 한다. 정상적인 사회질서를 법이 지켜주어야만 기업은 효율적으로 경제활동에 종사할 수 있다. 입법과 법의 집행은 기업이나 개인 혹은 단체가 실행할 수 없는 일이므로 정부가 맡아서 해야 한다.

시장경제질서 구축의 핵심은 사유재산을 보호하고 공정경쟁을 유도하는 것이다. 따라서 사유재산 보호와 공정경쟁의 유도는 시장경제 국가의 입법 핵심이 된다. 이 시스템에서 정부의 역할은 법으로 기업의 경제활동에 필요한 통제를 하여야 한다는 데 있다. 예를 들면, 시장에 진입하는 약품과 식품같이 국민 건강에 직접적 영향을 미치는 품목에 대해서는 엄격한 요건 심사를 실시하고 독점을 제한해야 한다.

시장경제체제에서 기업이 국방, 교육, 기초과학연구 등의 공공재를 제공할 수는 없다. 정부가 세수 등을 통해 자금을 확보하여 공공재를 제공해야 한다. 정부는 또한 소득 재분배 정책을 통해 개인 소득 격차를 조정하여 공정성을 실현해야 하며, 적절한 재정정책과 화폐정책의 운용을 통한 거시경제의 조절로 사회 안정성을 실현해야 한다. 이와 같이 시장경제체제에서도 정부가 해야 될 일과 할 수 있는 일이 수없이 많다.

시장경제체제에서 불가분의 관계인 정부와 기업이 서로 자신의 본분을 지킨다면 시장경제는 정상적으로 발전할 수 있다. 하지만 중국의 어떤 지방정부는 계획경제 사상의 영향을 받아 스스로 모든 것을 다 할 수 있다고 생각하면서 사사건건 모든 일에 다 관여하여 결과적으로 창고기와 같은 잘못을 범한다. 가장 큰 잘못은 바로 정부가 기업같이 경제활동에 참여하는 것이다. 계획경제체제에서 정부는 국유기업을 완전히 통제하였고, 경제활동 참여 역시 주요 임무의 하나였다. 시장경제로의 전환과정에서 비록 국유기업에 대한 주식제 개혁을 추진하고 있지만 국유기업은 여전히 완전한 독립 경제주체가 되지 못하고 있다. 인사권, 중대한 투자정책 결정, 합병 및 생산중지 등의 중요 결정은 아직도 정부의 입김이 강하다. 중국에서 정부는 아직도 경제활동의 주체이다.

창고기가 쥐를 잡는 게 문제인 이유는 쥐를 잘 잡을 수 없기 때문이다. 정부의 기업통제나 경제활동 참여가 잘못된 이유는 바로 정부가 경제행위를 할 줄 모르기 때문이다. 계획경제체제 아래서 국유기업의 효율이 낮았던 이유는 바로 정부가 경제를 모르면서 경제활동을 했기 때문이다. 오늘날 많은 국유기업이 곤경에서 벗어나지 못한 이유도 정부가 바로 이들 기업의 주인이기 때문이다. 동서고금의 역사가 증명하듯 정부가 기업을 통제하면 기업은 희망이 없다. 창고기가 쥐를 잡는 것같이 틀림없이 실패하게 되어 있다. 결국 정부가 기업을 통제하고 경제활동에 참여하는 것은 하지 말아야 하고 또 할 수 없는 일을 하는 것이다.

창고기가 쥐를 잡게 되면 물고기를 잡으러 갈 수 없다. 이와 같이 정부가 자신이 하지 말아야 할 일을 하게 되면 정작 자신이 해야 할 일을 할 수 없게 되는 것이다. 일부 지방정부의 경제질서의 혼란은 바로 정부가 자신의 직무를 유기하기 때문인 것이다. 사회경제 활동 중 신뢰의 부족 또는 가짜 상품의 횡행, 임금체불 그리고 복제품이 창궐하는 것은 모두 시장질서가 문란하다는 것을 반영하는 것이다. 시장질서의 유지는 바로 정부가 마땅히 해야 할 직무의 하나이다. 하지만 정부가 경제활동에 힘을 쏟고 투자항목에 열중하고 기업에 대한 통제에 열중하게 되면 실제 해야 할 일을 추진할 힘이 없어진다.

크릴로프는 창고기가 쥐를 잡는 것이 마귀가 그의 질투심을 자극했는지 아니면 매일 물고기를 먹는 것에 질려서 그랬는지 모르겠다고 하였다. 이것은 창고기가 쥐를 잡은 것은 자신의 이익이 관련된 동기에서 비롯되었다고 말하는 것과 같다. 바꾸어 말해서 정부가 시장경제 보호에 노력하지 않고 스스로 경제에 참여하고 기업을 통제하는 것도 이익이 관련된 동기에서 비롯된 것이다. 좋게 말하면 경제발전을 위해서지만 나쁘게 말하면 공무원 개인이 권력을 이용하여 경제에 참여하고 자신의 이익을 도모하기 위한 것이다. 하지만 어떤 동기에서 비롯되었든 간에 결과가 나쁘면 동기가 아무리 좋았어도 평가받지 못한다.

중국같이 계획경제체제에서 시장경제체제로의 전환기에 있는 국가에서 시장화 개혁 성공의 관건은 정부 역할의 변화이다. 이는 바로 무소불위 정부에서 제한된 작은 정부로의 전환을 뜻하는 것이며, 통제경제에서 봉사경제로의 전환을 의미하는 것이다. 창고기는 쥐를 잡을 때 꼬리를 잃은 후 조용히 연못으로 돌아갔지만 이미 실수를 저지른 중국의 지방정부들은 스스로 경제활동에 참여한 잘못을 해결한 후 자기 본연의 역할로 돌아갈 수 있기 바란다.

18. 단비가 되어야 할 정부예산

교육비 증대가
꼭 사회 전체에 유리하다고는 할 수 없다.
하지만 결국 문제는 그 경비를 어디에 쓰느냐가 관건이다.
비가 내리는 것이 꼭 좋은 일은 아니더라도
과연 어디에 비를 내리게 할 것인가에
그 중요성이 있다….

공교육을 위한 지출이 증가되었다. 하지만, 그것이 진정 교육을 위해서 좋은 일일까? 우선 크릴로프의 우화 하나를 살펴보자.

커다란 먹구름이 메말라 지친 땅을 지나가면서는 비 한 방울도 뿌리지 않고, 큰 비를 바다로 내리쏟으며 높은 산에게 자신의 이 시원스럽고 의로운 행동을 자랑하였다. 높은 산이 말했다. "너는 그 시원한 빗줄기로 과연 무슨 좋은 일을 했다는 거야? 네가 만약 그 비를 논밭에 뿌렸다면 넌 아마도 가뭄으로부터 넓은 농지를 구할 수 있었을 텐데… 이미 큰 바다는 네 도움 없이도 물이 충분하잖아."

교육비의 사용 또한 일정 부분은 이 먹구름의 비 내림과 비슷하다. 이 교육자금을 자금의 부족함이 없는 고등교육에, 특히 명문학교에 쓴다면 경비가 매우 절실한 중학교, 초등학교의 기초교육 분야, 즉 고사 직전의 낙후된 농촌지역의 초등학교나 중학교 교육에는 필요한 경비가 거의 쓰이지 않게 된다. 교육비를 확충하는 것은 맞지만, 더욱 중요한 것은 교육비를 어디에 쓰느냐이다.

경제학이론에 의하면 인력자본은 한 국가 생산력의 중요 구성요소이다. 인력자본의 주요 근원이 바로 교육이다. 그러나 교육의 사회와 개인에 대한 이익은 그 수준에 따라 상이하다. 전체 사회로 보자면 의무교육의 수익률이 가장 높다. 한 사회 경제성장에서 중요 요건의 하나가 전 국민의 기초 의무교육이다. 오늘날의 많은 선진국은 성장 초기에 성인의 문맹 퇴치율(초등학교 수준)이 이미 70%에 달했고 심지어는 80% 이상이었다. 교육수준의 향상은 경제발전에 지식을 가진 노동자를 제공하여 그들로 하여금 더욱 빠르게 각종 기능을 습득할 수 있게 한다. 게다가, 전 국민의 의무교육 또한 문화와 도덕적 소양을 포함한 전 국민의 소양을 향상시킨다. 이 또한 성공적 경제발전의 중요 조건이 된다. 그러나 전 국민에 대한 의무교육은 기초교육의 개인에 대한 이익 측면에서는 사회적 이익보다는 작다. 왜냐하면 기초교육을 받은 사람들의 소득수준이 여전히 최하위 계층에 속하기 때문이다.

고등교육은 한 사회에 있어 매우 중요하다. 개발도상국의 각종 고급관리와 기술인력은 이 고등교육을 통해서 양성된다. 또 고등교육은 국가 과학기술이 가일층 진보되고 창조되는 중요한 역량이다. 개인적 차원으로 보면 고등교육을 받는 것이 기초 의무교육보다 더 많은 이익을 가져온다. 왜냐하면 이들은 사회에서 희귀자원에 속하기 때문이다. 미국의 통계를 보면 1950년대부터 1980년대까지 대학 졸업생과 고등학교 졸업생의 소득격차는 두 배가 넘는다고 한다. 이는 고등교육의 개인 수익률 성장이 상당히 빠르다는 것을 설명한다.

이런 다른 수익률 때문에 외국에서는 고등교육과 의무교육에 대한 정책이 다르다. 고등교육에는 공교육 체계도 있고 사교육 체계도 있다. 하지만, 어떤 고등교육이든지 개인은 부분적으로 교육비를 부담해야 한다. 즉 돈을 내고 학교에 가는 것이다. 게다가 각 학교들은 상이한 교육의 질에 따라 차등적인 학비를 받는다. 미국의 사립 명문대학의 일 년 학비는 수만 달러에 이른다. 사립학교의 경비는 국가가 지원해 주는 부분도 있지만 주로 자체 수입에 의존하고, 공립학교의 경비는 자체 충당부분도 있지만 주로 정부가 보조한다. 기초교육은 공립학교 위주로 진행되며 사립학교는 상대적으로 상당히 적다. 공립학교 학생의 교육비는 무료로 모든 경비를 정부가 지원한다. 따라서 정부는 우선적으로 기초교육에서 필요한 재원을 확보해야 한다.

중국의 교육투자는 예전부터 적어 GDP 대비 비율이 수많은 개발도상국보다 낮은 수준이다. 사실 중국의 현실은 고등교육이든 의무교육이든 모두 경비가 부족하다. 바로 큰 바다와 농지가 모두 빗물을 필요로 하지만 먹구름은 하나이니 비를 과연 어디에 내릴 것이냐가 문제가 되는 것이다. 결국 판단기준은 '교육비를 어디에 써야 사회적 효용이 더욱 높을 것인가와 어떤 교육분야에 경비가 더 필요한지' 일 것이다.

현재 중국의 경제발전 상황으로 보면 기초교육의 증대가 사회적 효용이 더욱 크다. WTO 가입 후 중국은 제조업 대국으로서 세계무대에 나섰다. 현재 중국의 제조업 발전에서 가장 부족한 것은 바로 기술자이다. 특허는 살 수 있고 기술도 도입할 수 있지만 기술자는 스스로 키워야 하기 때문이다. 게다가 기술인력의 부족은 이미 제조업의 발전을 제약하고 있다. 기술자의 기초는 기초교육인데 좋은 기초교육을 받지 못한 사람은 기술자로 양성되기가 매우 어렵다. 이런 의미에서 기초교육을 발전시키고 더 많은 기술자를 배양하는 것이 수익률이 가장 높은 투자이다.

다른 한편으로는 현대화 과정 속에서 농민소득의 향상 역시 당면과제가 되었다. 농민소득 향상의 주요 방법은 역시 도시에 들어가 기술자가 되는 것이다. 그러나 농민 노동자는 도시에서 일을 찾기가 어렵다. 여기에는 많은 이유가 있지만 가장 주된 요인은 역시 문화수준이 너무 낮아 간단한 기술의 습득조차도 용이하지 않다는 데 있다. 이렇게 되면 결국 고용부서의 요구에 부응할 수 없게 된다. 따라서 의무교육의 확대가 가져오는 농민소득의 증가 역시 매우 큰 사회적 수익이라고 할 수 있다.

고등교육과 비교해 보면 의무교육의 자금이 더욱 결핍되어 있다. 전체적으로 고등교육은 국가나 각 성에서 경비를 지원하여 기본적 보장이 이루어지고 있다. 게다가 거의 모든 고등교육 기관 자체가 수입창출 능력도 있다. 기업을 세우거나, 높은 학비의 EMBA 혹은 MBA교육 프로그램을 개설하여 상당한 수입을 올릴 수 있으므로 고등교육의 정상운영을 보장할 수 있다. 이와는 반대로 기초교육 경비는 주로 현, 향, 심지어는 촌에서 재정을 담당하고 있다. 많은 낙후지역과 농촌이 정상적인 행정운영조차 힘든데 무슨 돈으로 기초교육을 발전시킨단 말인가? 기초교육이 무능력하다 보니 당연히 돈도 벌리지가 않는다. 이들 교육경비의 유일한 근원이 재정수입이다. 그래서 각 지방 재정에 곤란이 생기면 어쩔 수 없이 농민에게 돈을 받게 된다. 이 또한 막무가내식의 학비부과의 원인이 된다. 고급 교육기관과 초·중등학교의 기숙사를 비교해 보고, 대학과 초·중등학교 교직원의 소득을 대비해 보면 누가 더 경비가 부족한지를 바로 알 수 있다.

정부는 대량의 경비를 고등교육에 투자한다. 일부 유명 대학교는 별도로 십수 억의 돈을 경비로 받지만 빈곤지역의 교육은 유지조차 힘들다. 큰 바다는 한 차례 비가 안 와도 여전히 큰 바다지만, 메마른 토지는 그 비가 부족하면 생존의 위기가 닥친다. 높은 산이 말했던 것을 생각해 보자. 비를 농지에 뿌리는 것은 교육비를 기초교육에 쓰는 것이다. 이는 또한 비가 가장 필요한 토지, 즉 농촌 낙후지역의 기초교육에 내리게 되는 것이다.

19. 고무나무와 갈대의 공존

대기업은 큰 장단점이 있고,
소기업은 작은 장단점이 있다.
대·소기업의 공존이야말로 경제 성공의 길이다.
이것은 마치 생태계에서
고무나무와 갈대가 공생하는 것과 같다.

많은 기업가들은 거의가 대기업 망상이 있어 항상 자신의 기업을 해당 업종의 맏형으로 키우고자 어떠한 대가를 치르더라도 기업을 확충하려고 한다. 큰 것이 반드시 좋은 것일까? 크릴로프의 우화 "고무나무와 갈대"는 이 문제에 관해서 좋은 해답을 준다.

어느 날 고무나무와 갈대가 한담을 나누고 있었다. 고무나무가 갈대를 보고 "너는 참새의 무게도 견디지 못하고, 약한 바람에도 이리저리 쓰러져 몰골이 말이 아니더라. 난 카프카스 산처럼 우뚝 서 있어 폭풍우에도 꿈쩍하지 않는데."라고 말했다. 갈대가 대답했다. "나 그렇게 불쌍하지는 않아, 바람이 거세도 날 구부러지게 할 뿐이지 끊지는 못하거든." 얘기하는 도중 갑자기 광풍이 불어닥쳤는데, 고무나무는 우뚝 서 있었고, 갈대는 땅 위에 쓰러졌다. 그러나 바람이 점점 더 거세지자 우뚝 서 있던 고무나무는 뿌리째 뽑혀 버렸다.

이 우화는 큰 고무나무를 조소하고, 작은 갈대를 칭송하고 있다. 그러나 경제적 측면에서는 대기업 배척을 당연시하거나 소기업을 지나치게 칭찬하면 안 된다. 경제라는 숲 안에는 큰 고무나무 같은 대기업도 있어야 한다. 이런 기업만이 많은 업종 속에서 규모의 경제를 실현할 수 있고 시장경쟁의 거센 비바람을 견딜 수 있기 때문이다. 마찬가지로 갈대와 같은 소기업도 필요하다.

그렇지만 이 우화에 나오는 고무나무에 대한 조소와 갈대에 대한 찬사는 또 그 나름대로 일리는 있다. "큰 것은 큰 것 나름대로의 고충이 있다." 『홍루몽(紅樓夢)』에 나오는 왕희봉의 이 말은 대기업의 불리한 점을 설명하고 있다. 기업 내부로 보면 대기업의 재산 소유권은 주식제로 되어 있어 대주주와 중소주주 사이, 소유자 대표인 이사회와 경영자 사장 사이, 각 부서의 관리자와 사원 간의 이해관계가 매우 복잡하다. 만일 합리적인 회사 자치조직이 없으면 이러한 관계를 조정하여 단체생산의 협동심을 이끌어 내기가 어렵다. 대기업은 내부적으로 복잡한 관리체계를 갖고 있기 때문에 수직적 관리든 분산관리든 모두 효율이 떨이지고, 정보전달과 정책결정 또한 제때에 정확하게 하기 힘든 약점을 지니고 있다. 이것은 바로 큰 고무나무가 외모는 견실해 보이지만 사실 내적으로는 곪는 것을 피하기 힘들어 큰 바람이 불면 견디기 쉽지 않은 것과 같은 이치다. 기업 외부환경 차원에서 보자면 배가 크면 뱃머리를 돌리기 쉽지 않듯이 시장수요에 중대한 변화가 생기면 적응하기가 힘들다. 얼마나 많은 대형 타자기회사들이 컴퓨터가 보급되었을 때 생산구조를 조정하지 못해 도산했는지를 생각해 보면 그 적응도를 가늠할 수 있다.

큰 기업의 힘든 점과 비교해 볼 때 상대적이기는 하지만 소기업도 나름대로의 약점이 있다. 고무나무가 말한 것처럼 갈대는 바람에 너무 약하다. 그렇지만 소기업도 장점이 많다. 내부적으로는 재산소유 구조가 단순해 통상적으로 일인 업주로 되어 있어 소유자와 경영자가 동일 인물인 경우가 많다. 즉 책임, 권리, 이익이 모두 한 사람에게 통일되어 있어 대기업과 같은 복잡한 위임-대리 관계가 없다. 기업의 규모도 작고 관리체계도 간단하여 한 사람의 정상적인 관리능력을 넘지 않는다. 따라서 정보전달과 정책결정 과정이 모두 신속하고 제때에 이루어질 수 있어 내부관리 효율도 높은 편이다. 외부적으로도 배가 작아 뱃머리 돌리기가 좋기 때문에 언제나 시장수요 변동에 부응하여 생산구조를 조정할 수 있다. 소기업의 경영성공 사례도 적지 않다.

이 우화 속에서 큰 고무나무는 거센 바람에 의해 쓰러졌지만 작은 갈대는 여전히 살아남았다. 자연계에서 큰 공룡은 멸종했지만 같은 시대의 많은 작은 생물들은 지금까지 여전히 완강한 생명력을 유지하고 있다. 같은 이치로 동남아 금융위기 속에서 한국의 대기업은 치명적인 타격을 입어 오랫동안 숨 돌릴 틈도 없었고 대기업 중심의 한국 경제는 심각한 불황을 겪었다. 그러나 대만의 중소기업은 재빠르고 변화에 능해 땅에 잘 엎드렸기 때문에 모두 무사히 일어섰다. 중소기업이 중심이던 대만 경제는 이 금융위기의 충격을 거의 받지 않고 동남아 지역의 불황도 잘 견뎌냈다. 세계 경제에서 벌어지는 일도 이와 같다. 크다고 좋을 것도 없고 작다고 나쁠 것도 없다. 큰 고무나무가 항상 작은 갈대보다 우위를 점하는 것은 결코 아니다.

마치 세상에 큰 고무나무가 없어서는 안 되고, 작은 갈대도 없어서는 안 되듯이, 한 나라의 경제 속에서도 대기업도 있어야 되고 소기업도 있어야 한다. 고무나무와 갈대는 서로 도와야지 서로 깔보면 안 된다. 당연히 대기업은 한 나라 경제의 주체다. 숲 속에 큰 나무가 없으면 숲이라 부를 수 없다. 그러나 숲 안에 풀이 없으면 같은 이치로 오래 지속되기도 힘들다. 이들은 서로 생태적 공존관계에 있기 때문이다. 어떤 업종은, 기업의 규모가 커야 하지만 이런 업종에도 내부적으로는 많은 소기업들이 있다. 자동차 기업은 대규모가 많지만 여전히 많은 소기업이 부품과 관련 보조 서비스를 제공한다. 이런 소기업이 없다면 대기업이 효율적으로 존재하거나 발전하기 힘들 것이다. 이런 업종에서 소기업은 여전히 대기업에 의존해서 잘 살아간다. 대기업과 소기업 역시 또한 일종의 생태적 공존관계를 유지하고 있는 것이다.

또 일부 업종은 기업규모가 작아야 더욱 우세하다. 예를 들면 많은 서비스업이 바로 그러하다. 대형 음식점도 있지만 소규모 음식점들도 각자 자신의 특색을 발휘해 서비스하고 서로 다른 소비자의 기호를 만족시키면서 또한 자신을 위한 생존공간을 찾아낸다. 물론, 이런 업종에서 대기업을 배척하라는 것은 아니다. 맥도날드 같은 성공적인 예도 있다.

기업의 대소는 해당 업종의 특징, 지역과 기업 자신의 목표에 따라 시장 안에서 자발적으로 형성된다. 마치 고무나무의 씨를 심으면 나무가 작을 수가 없으며 갈대의 씨를 뿌리면 크게 자랄 수 없는 것과 같은 이치이다. 인위적으로 고무나무를 작게 하거나 갈대를 크게 하면 안 된다. 그러나 현재의 경향은 여전히 큰 것을 좋아한다. 혹은 정부가 강제적으로 작은 갈대를 큰 고무나무로 합성하거나 작은 갈대 스스로가 오로지 크게 되기만을 바라기도 한다. 자연의 섭리를 위배하여 합쳐 이루어진 큰 고무나무는 그렇게 큰 장점이 없다. 몇 천 척의 작은 배를 같이 묶는다고 해서 항공모함이 될 수는 없기 때문이다. 작은 갈대가 꼭 큰 고무나무로 커야지만 성공하는 것이 아니지 않는가?

크릴로프의 고무나무에 대한 조소와 갈대에 대한 찬사는 그의 간부에 대한 무시와 평민에 대한 사랑을 나타낸 것이다. 이것이 그의 민주사상이다. 나는 이 우화로 "대기업 망상"을 풍자하고 싶었다. 실제적으로 관은 관의 역할이 있고 백성은 백성의 역할이 있으니 마땅히 공존 번영해야 하는 것이다. 기업 또한 큰 것은 큰 나름대로의 장단점이 있고 작은 것은 또 작은 대로의 장단점이 있다. 고무나무와 갈대가 공존하듯 큰 것과 작은 것이 공존해야 하는 게 자연의 이치이다.

20. 양을 붙잡았던 것

사람을 붙잡는 것은
호구와 인구, 노사관계, 이런 유형의 밧줄이 아니라
정(情)이라는 바로 무형의 연계이다.
이것이 바로 "양을 붙잡았던 것은 밧줄이 아니다"라는
페르시아 우화의 교훈이다.

많은 지방과 기업이 인재의 유실 때문에 골치를 썩는다. 서부지역도 항상 "공작새는 물론 참새마저도 동남쪽으로 날아가 버린다."고 탄식한다.[7] 일부 기업 역시 관리와 기술자들을 붙잡아 두지 못한다. 진(晉) 강 지역은 일반 노동자도 부족해 전체 시

7. 역자 주 : 중국 개혁개방의 심화에 따라 경제기회가 많은 중국의 동남 연해지역으로 내륙지역의 인재들이 빠져나가는 현상을 비유적으로 표현한 말. 고급인재는 물론 일반 사람도 연해지역으로 간다는 말.(孔雀東南飛, 連麻雀也東南飛.)

에 20만 명의 노동자가 부족하다. 인재를 잡아 두는 비결은 뭘까? 13세기의 페르시아 시인인 세디가 쓴 "젊은이와 양"이라는 우화가 생각난다.

어떤 젊은이가 밧줄로 양 한 마리를 묶어 끌고 가고 있었다. 길 가던 사람이 말했다. "이 양이 너를 따라가는 것은 네가 밧줄로 묶었기 때문이지 널 좋아하는 것은 결코 아니며, 정말로 널 따라가려는 것도 아니다." 젊은이는 밧줄을 풀었고 아무렇지도 않은 듯 걸었지만 양은 여전히 한 걸음도 곁을 떠나지 않았다. 길 가던 사람이 신기해 하자, 청년이 말했다. "나는 양에게 사료와 수초를 주는 데다가 정성을 다해 보살폈어요."

결국 양을 묶어 놓은 것은 그 밧줄이 아니라 양에 대한 관심과 사랑이었던 것이다.

많은 지방과 기업은 그저 밧줄로 사람을 묶을 줄만 알았지 관심과 사랑은 모른다. 나는 문화대혁명 시기에 동북지역의 한 삼림 기업에서 일한 적이 있다. 이 기업이 사람을 붙잡는 방법은 인사관계와 호구(戶口)제도였다.[8] 당시 이 기업의 직원관리 태도는 상상하기 힘든 것이었다. 이 시기에 많은 대학생들이 농촌으로 분산 배치되었을 때 대학생들은 더러운 지식분자로 취급받았다. 필자도 집안 3대의 내력을 조사당하고 정치적 심문을 받았으며 육체적으로 가장

8. 역자 주 : 중국이 인민들을 통제하기 위해 규정한 등록제도. 형식적으로는 우리나라의 주민등록제도와 유사하지만 거주이전의 자유나 직업선택의 자유 등을 철저하게 제약해, 주민통제의 수단으로 악용된 면이 많았다.

힘든 곳에 배치되어 정신개조를 받았다. 그 후 지식인에 관한 새로운 정책이 나왔지만 당시 이 기업의 책임자는 너희들은 아무것도 아니다. 좋은 미래는 결코 오지 않을 것이므로 헛고생만 하는 것이라는 말을 하면서 아주 경멸스런 태도로 우리를 대했다. 그 후 개혁개방이 추진되면서 그곳에 배치되었던 300여 대학생들은 모두 떠났고 이 기업은 파산에 직면했다. 당시 이 기업 책임자의 지식인에 대한 인식은 '너를 안 쓰더라도 나가게 하지는 못하겠다'는 것이었다. 나는 이를 쓰지도 않으면서 그 자리에 놓고는 다른 사람에게도 주지 않는 "치약통 정책"이라 부른다. 이런 밧줄로 사람을 묶어두는 방법은 많은 지역과 기업에서 상당히 보편화되어 있다. 이는 호구와 인사 관계라는 밧줄이 튼튼하지 못하면 인재는 떠나게 되어 있다는 뜻이다. 이런 책임자는 정말 타임머신을 타고 13세기 페르시아에 가서 이 젊은이의 말을 들어 보아야 한다. 페르시아 젊은이의 사랑을 느낀 양도 주인을 떠나지 않는데 하물며 감정이 있는 사람은 어떻겠는가? 사람을 잡으려면 마음을 잡아야 한다.

우리는 여기서 젊은이의 양에 대한 사랑이 '양에게 사료와 수초 주기' 및 '정성어린 보살핌'이라는 것에 주의해야 한다. 경제학 용어를 사용하면 이것이 바로 포상 제도의 두 가지 측면이다. '양에게 사료와 수초를 제공하는 것'은 양에게 생활보장을 해 준 것으로, 이는 포상제도의 물질적 이익 부분에 속한다. 이는 바로 인간의 이기적 본성을 이용한 것이다. 인간의 생존과 발전을 위해서는 기본적인 물질보장이 필요하다. 따라서 가능하면 이 물질보장을 약간 풍부하게 하여 인간이 좀 더 잘 생활할 수 있도록 해야 한다. 이는 결코 원칙 없는 보상이 아니며 물질이익과 개인실적을 연계하여 공헌도에 따라 보수를 지불하는 것이다. 이런 포상과 기업이익은 일치한다. 젊은이가 양에게 사료와 수초를 충분히 주게 되면 양의 젖이 많아지고 살도 찌니 젊은이에게 유리한 것이다. 그런데 일부 기업가들은 항상 직원을 붙잡아 두려고만 하니 어찌 직원이 열심히 일할 수 있겠는가? 진강 지역의 일부 사기업 사장들은 직원의 이탈을 두려워하여 인민폐로 월 400원 정도 밖에 안 되는 임금의 반과 신분증까지 담보로 잡아 두었다. 그 결과 직원은 기본적 사료와 수초조차도 부족하게 되었고 결국은 떠날 수밖에 없었다. 지금은 일자리 찾기도 어렵지만 어떤 노동자도 진강 지역에 가길 원하지 않는다. 사료와 수초가 없는 곳에 양이 계속 있을 수는 없지 않겠는가?

사람은 원래 요구보다 조금 더 많이 받아 배불리 먹고 마시기를 원한다. 그러나 사람이기 때문에 돈이 전부가 아니라 매슬로우(Maslow)가 얘기했던 안전함, 사교, 존중과 자아 이상의 실현 같은 더 높은 수준의 욕구가 만족되기를 원한다. 따라서 포상제도에는 '정성어린 보살핌'이 있어야 되는 것이다. 이는 포상제도의 정신적 격려에 속한다. 여러 상황에서 이런 정신적 격려는 더욱 중요하다. 기억해 보면 필자가 동북지역에 있을 때 물질은 사실 견딜만 했었지만, 말끝마다 항상 사람들에게 "계급투쟁의 새로운 동향"이라는 수사를 동원했기 때문에 정신적으로 견딜 수 없었다. 많은 기업이 직원들에게 결코 낮지 않은 임금을 주면서도 여전히 그들의 이탈을 막지 못하는 가장 큰 원인은 바로 정신적인 데 그 원인이 있기 때문이다. 만약 그 페르시아 청년이 설령 양에게 잘 먹이고 마시게 했어도 종일 때리고 욕만 했더라면 양도 차라리 도망쳐 떠돌이가 되고 싶어했을 것이다.

필자는 정신적 격려의 출발점은 사람에 대한 존중이라고 생각한다. 지도자와 군중, 사장과 직원, 기업에서 처한 지위와 역할이나 공헌도는 다르지만 사람으로서는 평등해야 한다. 지도자와 사장은 가장 낮은 계층의 사람을 포함해 모든 사람의 인격을 존중해야 한다. 많은 사람들이 기업을 떠나는 것은 지도자나 사장의 그 잘난 난폭함을 참지 못해서이다. 자기가 돈을 써 사람을 고용하였기에 직원이 바로 그의 도구이고, 때리든지 욕하든지 뭐든지 그에게 달렸다는 식의 사고방식은 버려야 한다. 사장은 직원을 같이 협력하는 동료로 여겨야 하며 의도적으로 기업 내에서 평등, 민주적 참여의 분위기가 넘치는 기업문화를 조성해야 한다. 기업문화는 직원 공통의 가치관이며 직원이 유쾌하게 일하고 생활한다고 느끼는 문화적 분위기이다. 직원이 여기서 일하는 게 편안하다고 느끼면 양처럼 밧줄을 쓰지 않아도 떠나지 않을 것이다. 물론 물질적 격려와 정신적 격려를 완전히 구분하기는 어렵다. 직원에게 훈련을 시키고 연수의 기회를 제공하고, 각종 권리를 주어 이들이 더 많은 실적을 쌓도록 하고 공평한 승진경쟁의 기회를 주는 것같이 복합적이기 때문이다. 이는 정신적 격려이기도 하지만 실제적으로는 물질적 이익을 주는 격려이기도 하다.

경제학자들은 국가, 지역 또는 기업을 막론하고 인재의 외부유출은 기존의 외부장력에서 온다고 여긴다. 즉, 화려한 외부세계의 흡인력이 엉망진창인 내부를 벗어나는 추진력이 되는 것이다. 정상적 상황에서 사람은 움직이기 싫어하는 나태함이 있다. 따라서 인재의 외부유출의 주요 동력은 바로 내부의 장력이기도 하다. 낙후한 지역의 지도자와 일부 기업의 사장이 사람을 밀어내었으니 누구를 탓할 수도 없다. 많은 사람들은 이 우화의 작자인 세디에 대해 잘 모른다. 그러나 그의 우화 속에 드러난 이치는 우리가 익히 알고 있었던 것이다. 지금이라도 이 이치를 깨달았다면 빨리 실행해야 한다. 그러면 양은 당신을 떠나지 않을 것이다.

21. 쥐들의 동맹

기업은 항상 가격연맹을 결성하여
소비자를 죽이기를 좋아한다.
입법자는 또 이런 연맹을 저지하려고 한다.
사실상 이런 연맹은 종종 스스로 무너진다.
왜냐하면 이들은 일종의 쥐들의 동맹 식 가격연맹을
맺고 있기 때문이다.

라퐁텐의 우화 "쥐들의 연맹"이란 이야기도 우리에게 많은 시사점을 준다.

한 고양이를 무서워하는 쥐가 스스로 "수컷 고양이도 암컷 고양이도 무서워하지 않고 물려도 긁혀도 무서워하지 않는다."는 한 할아버지 쥐의 영도하에 동맹을 결성해 고양이에 대항하였다. 그러나 한 마리의 쥐를 구하기 위해 결과적으로 늙은 고양이와 맞닥뜨리게 되자, 첫 줄 쥐들이 상황을 보고 대항은커녕 모두가 쥐구멍으로 도망가서 목숨을 부지하려 했다. 이들은 괜히 멋모르고 덤볐다가 목숨을 잃을 수 있으니 늙은 수컷 고양이를 조심해야 한다는 결론을 내렸다. 쥐들의 동맹은 이렇게 와해되었고 협상은 공수표가 되어 버렸다.

라퐁텐이 쓴 많은 우화들은 당시에는 모두 정치적 뜻이 내포되어 있었다. 이 우화는 대략 당시 일부 유럽 국가의 반 프랑스 동맹이 쥐들의 연맹임을 풍자한 것이다. 우화 속의 늙은 수컷 고양이는 당시의 프랑스 국왕인 루이 14세를 빗댄 것이고, 할아버지 쥐는 영국을 가리킨 것이며 생쥐들은 바로 유럽의 소국가들인 것이다. 그렇지만 현대인들은 이 우화를 그렇게 이해하지는 않는다. 이 우화를 소개하는 것은 현실 속의 가격동맹, 예를 들면 자동차 산업의 자율 가격제 혹은 민항기의 세일 금지령 등을 바로 쥐들의 연맹으로 해석하고 싶기 때문이다. 이런 동맹을 조직하는 관련 부서가 바로 할아버지 쥐이며 그 동맹에 가입하는 기업은 생쥐, 늙은 수컷 고양이는 당연히 시장수요의 힘이다. 이런 비유는 불완전한 것이긴 하지만 단지 이치를 설명하기 위한 예이니 너무 지나친 의미를 부여할 필요는 없다.

가격동맹은 왜 성공할 수 없을까? 일부 경제학자들은 게임이론 분석 방법을 썼다. 만약 두 곳의 우유목장이 같이 어떤 지역의 우유시장을 독점한다고 가정하면 이 두 기업은 쌍두마차라고 할 수 있다. 이들 두 기업의 평균 생산비가 최저인 생산량은 3천 파운드이고 이때의 평균 생산비는 6원이다. 이 두 기업이 최대 생산량으로 생산할 때는 각각 3천 파운드를 생산하게 되고 시장에는 6원짜리 우유 6천 파운드가 공급되어 경제적 이윤이 없게 된다.

이렇게 되자 다시 이 두 기업이 한 할아버지 쥐의 기획하에 가격동맹을 맺어, 각각 2천 파운드의 우유를 생산하면 이때의 생산비는 최저 평균 생산비보다 높은 8원이 된다. 우유의 시장공급이 4천 파운드가 되면 공급이 수요를 따라가지 못해 가격은 9원으로 상승하고 각 기업은 2천원을 벌 수 있다.

그러나 가격동맹을 맺어도 실현되지 않을 수도 있다. 만약 한 회사가 약속을 어기면 어떤 상황이 연출될까? 만약 위약자가 3천 파운드를 생산하고, 약속을 지켰던 사람은 2천 파운드를 생산하면 시장공급은 5천 파운드이고, 가격은 7.5원이 된다. 위약자의 우유 1파운드의 생산비는 6원이므로 가격이 7.5원이 되면 이 위약자는 4천5백 원(1.5×3,000)을 번다. 약속을 지킨 사람의 우유 1파운드의 생산비는 8원이지만, 가격이 7.5원이면 천원(−0.5×2,000)을 손해 보게 된다. 게임이론은 바로 이런 가격결탁이 성공할 수 있느냐의 여부를 분석하려는 것이다. 이런 상황은 각자 상대방이 서로 약속을 준수할 것인가에 달렸다. 쌍방은 서로 이해하지 못하는 상황에서 각자 모두 가장 자신에게 우세한 점유전략을 선택한다. 일단 A회사의 선택을 보자. 만약 B회사가 약속을 지키면 A는 약속 지키는 것을 선택하고 이때 이익은 2천원이 된다. 위약을 선택했을 경우의 이익은 4,500원이 된다. 두 개를 비교해 보면 B가 약속을 지켰을 때 A는 위약을 선택하는 것이 유리하다. 만약 B가 약속을 지키지 않았을 때 A가 약속 지키는 것을 선택하면 천원을 손해 봐야 한다. 만약 위약을 선택하면 손해도 안 보고 돈도 벌지 못한다. 이 두 가지를 비교해 보면 B가 약속을 지키지 않았을 때 A는 위약을 선택하는 것이 유리하다. B의 추리과정 역시 마찬가지여서 결과적으로 또 위약을 선택하게 된다. 두 기업이 모두 위약을 선택하면 가격연맹은 무너지게 된다. 원래 결탁했을 때는 쌍방 모두에게 이익이 있었지만, 결과적으로 쌍방이 오히려 서로 협력하지 못하게 된다. 이것은 바로 게임이론에서 얻어진 결론이다.

사실 쥐들의 동맹에 가입하는 각각의 생쥐 또한 이런 결정을 한 것이다. 한 생쥐가 생각할 때 만약 다른 생쥐가 모두 도망가지 않으면 그에게는 두 가지 선택이 있다. 도망가지 않으면 고양이에게 먹힐 가능성이 있고, 도망치면 틀림없이 살 수 있다. 결론은 다른 생쥐가 도망가지 않을 때 그가 먼저 도망가면 유리한 것이다. 만약 다른 쥐들이 모두 달리는데 도망가지 않으면 틀림없이 먹힐 것이지만 도망가면 그래도 살 가능성이 있다. 결론은 다른 생쥐가 모두 달릴 때 그는 더욱 먼저 달려야 한다는 것이다. 각각의 생쥐가 모두 이런 선택을 한다면 원래 쥐들이 단결되었다 하더라도 결과적으로 고양이에게 질 것이고 나중에는 모두 도망가서 결국 한 마리 한마리씩 고양이에게 잡아먹힐 것이다.

가격동맹은 업종별로 자율제의 형식이든 세일 금지령의 형식이든 결국에는 모두 이런 쥐들의 동맹과 같게 된다. 할아버지 쥐가 업종자율 가격제를 확정했다면 모든 기업이 생각할 수 있는 경우의 수는 뻔하다. 다른 기업들이 모두 자율가격이나 세일 금지령을 준수하여 가격을 내리지 않았을 때 내가 가격을 내리면 더욱 큰 시장을 점유할 것이고, 내가 가격을 내리지 않으면 시장의 가격은 여전히 변하지 않는다. 양자를 비교해 보면 역시 가격을 인하하는 것이 유리하다. 다른 기업이 모두 자율 가격제 혹은 세일 금지가격을 준수하지 않아 가격을 내릴 때 내가 가격을 내리면, 시장 점유는 여전히 유지된다. 그러나 내가 가격을 내리지 않으면 시장은 다른 사람에게 뺏기게 되니, 역시 가격을 내리는 것이 유리하다고 생각할 것이다. 모든 기업이 같은 생각으로 가격을 내리는 정책결정을 한다면, 자율 가격제나 세일 금지령은 바로 공수표가 되어 버린다. 자동차 산업에서 자율 가격제와 민항이 세일 금지령을 실시한 후에 모든 기업이 어떤 선택을 할지를 함부로 추측할 수 없었지만 결과는 위 분석과 완전히 일치하여 쥐들의 동맹처럼 완전히 깨지고 말았다. 그 후 자율 가격을 취소하고 민항 사업도 가격통제를 느슨하게 풀어준 것이 이를 증명한다.

쥐들의 동맹이 형성되기 힘든 원인은 바로 수컷 고양이의 존재인데 이는 이 고양이가 비할 데 없이 강한 존재이기 때문이다. 가격동맹이 실현되기 어려운 가장 큰 이유는 바로 비할 데 없이 막강한 시장수급의 힘이 있기 때문이다. 시장경제에서 가격을 결정하는 기본 요소는 수급관계이다. 공급이 수요보다 작을 경우 가격은 상승하고, 공급이 수요보다 크면 가격은 하락하는데 여기에는 어떤 힘도 저항할 수 없다. 독점경쟁, 과두, 독점 같은 불완전 경쟁시장에서 기업은 단지 공급의 통제를 통해 가격에 영향을 줄 수 있을 뿐이며 자신만의 결정에 의한 가격으로 시장에 힘을 가할 수는 없다. 자동차, 민항기 같은 이런 과두시장에서 모든 기업이 고려하는 것은 모든 업종의 장기적 이익이 아니라 단지 자신의 단기적 이익일 뿐이다. 모든 업종이 공급이 수요보다 큰 상황에서 모든 기업이 생산량을 줄여 일정한 가격유지를 희망하는 것은 비현실적이다. 게임이론의 분석은 바로 이 점을 증명한 것이다.

이 이치를 알았다면 할아버지 쥐님들이 무슨 가격연맹을 조직할 필요는 전혀 없었으며, 차라리 생쥐에게 어떻게 하면 자신의 생존능력을 향상시킬 수 있는지를 가르치는 것이 나았을 것이다.

22. 백조와 새우, 꼬치고기의 협동

어떤 집단의 효율은
모두 협동과 노력에서 온다.
각개 주체의 이익이 일치하지 않는 상황에서
그들을 협동하게 하려면 제도가 필요하다.

크릴로프의 "백조와 새우 그리고 꼬치고기"는 유명한 우화이다. 얘기는 이렇다.

백조, 새우, 꼬치고기, 이 셋은 작은 차를 큰 길에서 끌어내리고 싶어했다. 그들이 있는 힘을 다해 몸의 핏줄이 다 서도록 힘을 썼지만 차는 조금도 움직이지 않았다. 알고 보니 차가 무거운 것이 아니라 서로 미는 방향이 틀렸던 것이다. 백조는 하늘로 날았고 새우는 뒤쪽으로 기었으며, 꼬치고기는 차를 물 속으로 끌었다.

작자는 이 우화를 통해 한 집단이 만약 협력하지 않으면 절대 좋은 결과가 있을 수 없어 갖은 고생만 다하고 성공하지 못할 것이라는 메시지를 전달하고 있다.

이러한 의미는 모든 집단에 적용될 수 있다. 시장경제에서 기업 역시 하나의 집단이므로 이 우화로 해석이 가능하다. 가장 기본적 생산조직인 기업은 많은 사람들이 공통으로 협력하여 생산하고 경영하는 것으로 모든 사람들이 같은 방향을 향한 공통의 노력과 상호 협력을 해야 한다. 만약 백조와 새우, 꼬치고기처럼 각자가 다른 방향으로 노력한다면 그 결과는 차가 움직이지 않거나 효율이 떨어질 수밖에 없다. 미국의 경제학자 레이번슈타인은 이런 협력이 되지 않아 일어나는 저효율을 "X-비효용성"이라고 했다.

크릴로프는 서로 협력하지 않는 나쁜 결과를 강조했지만, 우리는 한 걸음 더 나아가 이런 비협조의 원인을 분석해야 한다. 백조와 새우, 꼬치고기는 각자의 본성과 목표가 있었기에 힘을 쓰는 방향이 달랐다. 백조가 날기를 좋아하여 구름 속으로 날아간 것은 그의 본성이다. 꼬치고기는 물을 좋아하니 자연히 물 속으로 끈 것이고, 새우의 습관은 바로 뒷걸음질 치는 것이다. 기업 내에서 서로 다른 사람 간의 협력이 부족한 것은 본성에 의해 결정된 행위목표가 틀리기 때문이다. 주주들은 이익분배의 극대화를 희망하는 반면 경영자는 기업이 확대되어 자신에게 더 큰 권력과 소득을 가져다 주길 바란다. 노동자는 높은 임금을 받으면서 적은 일을 하는 게 바람일 것이다. 이들 각자의 목표는 모두 이기주의적 사고에서 나왔다. 마치 백조가 날기 좋아하고, 꼬치고기가 물을 좋아하고, 새우는 뒤로 기길 좋아하는 본성과 마찬가지로 이기주의는 인간의 본성이다. 동물의 본성은 바뀌기 힘들다. 인간의 본성도 마찬가지다. 중국은 그동안 얼마나 "공공을 위해", "사심이 없는 봉헌", "사심을 몰아내는 자아비판" 등을 외쳤던가! 그러나 사심은 여전히 사라지지 않았다. 게다가 그런 구호를 제일 크게 외쳤던 사람이 종종 또한 가장 사심 있는 사람이기도 했다.

이런 의미에서 백조와 새우, 꼬치고기가 힘쓰는 방향의 불일치를 해결하는 방법은 그들의 본성을 바꾸어야 하는 것이 아니라 그들의 본성을 이용해야 하는 것이다. 그들의 본성을 이용하려면 반드시 제도가 뒷받침되어야 한다. 예를 들면 백조가 날 때는 방향을 주시하게 하고, 꼬치고기 앞에 물을 두어 앞으로 끌게 하고, 새우는 차 뒤에 놓아 뒤로 기면 차가 앞으로 가게 하면 된다. 기업 내에서는 인간의 이기적 본성을 이용하여 그들의 이기적 행위가 전체 기업에 유리한 행위가 될 수 있도록 만들면 된다. 이것이 바로 우리들이 항상 얘기하는 포상제도이다.

당연히 집단 전체 협력문제의 해결방법에 포상제도만 있는 것은 아니다. 강제명령 방법도 이용할 수 있다. 그러나 이런 방법이 효과적이기 위해서는 반드시 효과적인 감독과 엄격한 처벌이 따라야만 한다. 군대에서 주로 이런 방법을 많이 사용하는데 그 이유 중 하나는 부대의 단체활동은 감독이 용이하고, 또 하나는 전쟁 시에는 명령 불복종자에 대해서 군법으로 처리할 수 있기 때문이다. 그렇지만 이런 방법이 기업 내에서는 결코 알맞지 않다. 마치 죽음으로써 백조와 새우, 꼬치고기를 위협하는 것이 효과를 보지 못한 것과 마찬가지로 말이다.

인류는 종종 동일한 문제의 해결에 종종 다른 방법을 쓰기도 한다. 이의 관건은 반드시 투입비용이 낮으면서 효율은 높은 방법을 찾아내야 한다는 것이다. 기업적 측면에서 보면 포상은 강압명령보다 비용도 적게 들고 효율은 더 높은 방법이다. 포상제도의 중심은 사람의 이기적 본성을 인정하면서 각각의 개인 이익을 전체 기업에 대한 공헌도와 연계해 사람들의 행위와 전체 이익을 서로 일치하게 이끄는 데 있다. 경영자에 대한 스톡옵션제도는 바로 이 포상제도의 좋은 예이다. 스톡옵션 수익은 주로 기업의 주가변동으로 결정된다. 주식시장에서 한 기업 주가의 고저는 곧 장기이윤 창출능력에 달려 있다. 만약 경영자의 노력이 기업에게 장기적 이윤능력을 향상시켜 주가가 올랐다면 이는 기업과 경영자 모두에게 유리한 것이다. 이때 경영자는 기업에 유리한 방향으로 노력을 배가하게 될 것이다. 같은 이치로 직원들에게는 배당제도가 시행된다.

이때 직원들의 주요 수입은 이익 배당금이다. 기업의 효율이 향상되면 이윤이 증가되고 각 직원에게 나누어지는 몫도 확대된다. 직원들에게 기업이 흥하면 개인도 부자가 된다는 개념이 있으면 직원들은 당연히 기업의 효율을 향상시키는 방향으로 노력할 것이다. 이런 방법은 바로 꼬치고기 앞에 물을 두어 앞으로 끌게 하는 것과 같다.

당연히 포상은 물질에 그치는 것이 아니라 정신적인 것도 있다. 만약 당신이 백조와 새우, 꼬치고기에게 음악을 틀어 준다든가 하여—동물에게도 음감이 있다는 것은 실험으로 증명되었다—차를 끄는 것에 더욱 흥미를 갖게 할 수만 있다면 그들도 더욱 열심히 일치하도록 협조할 것이다. 직원들에 대한 정신적 격려는 바로 그들에게 더 좋은 업무 분위기를 만들어 주는 것이다. 기업 내부의 인간관계의 평등, 개개인의 민주 참여권 보장이나 다른 방법으로 직원들에게 자신의 이상을 실현할 수 있도록 하는 것 등이 좋은 예이다. 물질적 격려는 당연하지만 정신적 격려도 무시할 수는 없는데 이는 필경 인간과 동물이 다르기 때문이다.

이 같은 포상제도는 직원들의 적극성을 이끌어 낼 수 있지만 이런 적극성을 현실적인 협조 행동으로 바꾸기 위해서는 제도가 필요하다. 이는 기업이 제도에 맞춰 이 제도를 운영해야 한다는 것을 말한다. 이 제도를 통해 두 가지 문제를 집중적으로 해결해야 한다. 하나는 정책결정의 정확도 문제이고, 또 하나는 집행할 때의 협조문제이다. 정책결정의 정확성을 보장하려면 반드시 정책결정

순서와 정책결정 확정기구의 설치가 필요하다. 이것이 바로 일반적으로 말하는 이사회 정책결정 제도이다. 집행 시의 협조를 보장해도 역시 명확한 제도가 있어 각 부문과 개인 간의 책임과 권리가 규정되어 개인들이 기계의 각 부품처럼 서로 다른 역할을 하게 해야 한다. 기업 내부의 각 부문과 서로 다른 사람들 간의 협조행위는 기업의 효율제고를 보장하는 필요조건이다. 이들은 모두 효과적인 기업운영에 필수적인 것들로 이것이 바로 우리가 얘기하는 과학적 관리이다.

크릴로프의 이 우화는 대략 당시의 통치집단 내부의 모순으로 인해 러시아가 낙후된 것을 풍자한 것이다. 그렇지만 우화의 의미는 시대적 제한을 받지 않는다. 때문에 우화는 대대로 이어져 내려오면서 서로 다른 사람들이 서로 다른 속뜻을 서로 다르게 해석을 하게 된다. 백조와 새우, 꼬치고기 이야기로 기업을 해석하는 것 역시 이 우화에 대한 또 다른 해석 시도라 할 수 있다.

우화로 배우는 중국경제

초판 1쇄 인쇄 | 2007년 7월 25일
초판 1쇄 발행 | 2007년 7월 30일
지은이 | 梁小民
옮긴이 | 강준영 · 공유식
발행인 | 강희일 · 박은자
발행처 | 다산미디어
디자인 | 민하디지탈아트 (02)3274-1333

주소 | 서울시 마포구 용강동 494-85 다산빌딩 402호
전화 | 717-3661
팩스 | 716-9945
이메일 | dasanpup@hanmail.net
홈페이지 | www.dasanbooks.co.kr
등록일 | 2005년 7월 14일
등록번호 | 제313-2005-151호
도서유통 | 다산출판사

ISBN 978-89-86316-17-9　03320
정가 10,000원